M. Kirschner / M. Bergbauer
Schnorcheln
Rotes Meer · Malediven

M. Kirschner / M. Bergbauer

Schnorcheln
Rotes Meer
Malediven

**Seychellen · Ostafrika
Indonesien
Malaysia · Philippinen
Mikronesien · Australien**

Delius Klasing
EDITION NAGLSCHMID

Die Deutsche Bibliothek – CIP-Einheitsaufnahme

Kirschner, Manuela:
Schnorcheln Rotes Meer / Malediven
Bielefeld: Delius Klasing; Stuttgart: Ed. Naglschmid, 1998
ISBN 3-89594-068-2

ISBN 3-89594-068-2
© Copyright 1998 by Verlag Stephanie Naglschmid
Rotebühlstraße 87a, 70178 Stuttgart
Herausgeber: Dr. Friedrich Naglschmid
Umschlaggestaltung: Buchholz/Hinsch/Hensinger, Hamburg
Innenlayout: Dr. F. Naglschmid, Stuttgart
Graphiken: Stephanie Naglschmid
Fotos im Inhalt: Kirschner, Manuela außer:
Dr. Bergbauer, Matthias: 7 u, 9, 39 m, 40 o, m, 41 o, m, 42 o, m, u, 43 o, u, 44 u,
45 o, 52 u, 53 o, 54 o, m, u, 55 u, 57 l, ro, rm, ru, 58 m, 59 o, m, u, 60 o, u, 61 o, m, u,
62 o, m, 63 o, m, 64 o, m, 65 m, u, 66 o, m, 67 o, u, 68, 69 o, 71, 72, 74, 88, 90 o, u, 91, 94 m,
97, 100 m, 101 lu, 102, 104, 105, 106
Dr. Naglschmid, F.: 11 o, m, u, 15, 19, 20 l, r, 21ro, 70, 78 m, u, 83 ro, 108
Barakuda (Werkfoto): 18 l, r
Bärmann, Elke: 94 o, 96
Ewa Marine (Werkfoto): 109, 110 o, u, 111 o
Werkfotos: 39 u, 43 o, 52 m
Camaro (Werkfoto) 16 l
Scubapro (Werkfoto) 17 r
Uwatec (Werkfoto) 21 ru
Mares (Werkfoto) 21 lu
Druck: Kunst- und Werbedruck, Bad Oeynhausen
Printed in Germany 1998

Inhaltsverzeichnis

Vorwort

Maske, Schnorchel und Flossen gehören heute für viele Strand- und Meeresurlauber schon fast zu den selbstverständlichen Urlaubsutensilien. Ganz egal, ob Freunde, Bekannte, die eigenen Kinder, Nachbarn in den Ferien oder einfach andere Strandbesucher, es gibt keinen Strand und keine Bucht, in deren Gewässern nicht geschnorchelt wird. Und es gibt nahezu keine Bucht und keinen Strand – vorausgesetzt die Sicherheitsbestimmungen können eingehalten werden –, die nicht zum Schnorcheln geeignet wären.

Immer und überall gibt es Neues zu entdecken, Bekanntem wieder zu begegnen. Darum soll dieses Buch nicht lokale Buchten und Strände beschreiben, sondern die Möglichkeiten, die man in den vielen tropischen Urlaubsgebieten des indopazifischen Raumes vom Roten Meer entlang der afrikanischen Küste, über Madagaskar, Mauritius, die Seychellen, die Malediven, Indonesien, Malaysia, die Philippinen, Thailand weiter über Australien, die Südsee bis nach Hawaii hat.

Schnorcheln gehört zu den schönsten und billigsten Freizeitvergnügen. Es ist eine natursportliche Aktivität, die jeden Aufenthalt an einem Gewässer zu einem großartigen Erlebnis macht.

Vereinfacht läßt sich sagen, wer schwimmen kann, kann auch das Schnorcheln erlernen. Ob jung oder alt, mit der Familie oder im Freundeskreis, diesem Naturerlebnis sind hier kaum Grenzen gesetzt. Jeder und jede kann mitmachen und die Welt unter Wasser in ihrer ganzen Formen- und Farbenvielfalt kennenlernen. Mit zunehmender Aktivität wachsen zwar die Kenntnisse und Einsichten, aber jeder Schnorchelgang ist ein neues kleines Abenteuer mit neuen Eindrücken, neuen Tieren und Pflanzen und neuen spannenden Beobachtungen. Selbst im Strandtrubel der Hochsaison lassen sich nur wenige Meter vom Ufer entfernt Fische, Garnelen und Krebse in ihrem natürlichen Lebensraum beobachten und in ihren Fähigkeiten bestaunen.

„Schnorcheln Rotes Meer/Malediven" möchte Sie in die faszinierende Welt unter Wasser einführen und Ihnen zeigen, was Sie bei Ihren Schnorchelausflügen in die lichtdurchfluteten Riffe und Lagunen alles erleben und beobachten können. Dieses Buch vermittelt Ihnen aber auch die Regeln und Grundlagen für sicheres Schnorcheln, gibt Ihnen Tips und Anregungen, damit Ihr Aufenthalt am Meer zum perfekten Urlaubsvergnügen wird.

Stuttgart, März 1998

Dr. Friedrich Naglschmid

Einleitung

Korallenriffe gehören zu den großen Naturwundern der Erde, ihre Vielfalt an Leben ist überwältigend. Dabei ist es denkbar einfach, diesen faszinierenden Lebensraum in weiten Bereichen zu erkunden. Maske, Schnorchel und Flossen reichen dafür schon aus. Die kompakte Ausrüstung paßt in jedes Fluggepäck und kann vielerorts auch ausgeliehen werden. Schnorcheln in Korallenriffen – das ist unkomplizierter, naturverbundener Erlebnissport. Eine ständig steigende Zahl von Urlaubern erlebt auf diese Weise aktiv die Welt unter Wasser.

Gelegentlich wird Schnorcheln als eine Art Vorstufe des Tauchens aufgefaßt, was jedoch kaum zutreffend ist. Vielmehr ist das Schorcheln ein eigenständiger Natursport mit äußerst weiter Verbreitung. Zwischen Tauchen und Schnorcheln bestehen große Unterschiede bezüglich der benötigten Ausrüstung und Ausbildung, der Art der Ausübung und, da sich Schnorcheln an der Wasseroberfläche abspielt, besonders auch hinsichtlich des Tiefenbereiches. Während es für Taucher inzwischen reichlich Literatur gibt, sind entsprechende, umfassende Informationen für das Schnorcheln selten. Gerade weil das Schnorcheln so einfach begonnen werden kann, kommt das Erlernen einer optimalen Schnorcheltechnik meist zu kurz.

Auch die möglichen Risiken sind oftmals wenig bekannt. Schließlich möchten viele Schnorchler mehr über die Korallenriffe und ihre Bewohner, über deren Verhaltensweisen und Ökologie erfahren.

Daher entspricht ein Buch speziell über das Schnorcheln in Korallenriffen einem großem Bedürfnis, wie wir auf vielen Reisen und in Gesprächen feststellen konnten. Die Konzeption des vorliegenden Buches trägt dem Rechnung, indem es Lehrbuch und Naturführer in einem ist. Es erklärt ausführlich die benötigte Ausrüstung und ihren Gebrauch und gibt Entscheidungshilfen zum Kauf. Besonderen Wert haben wir auf eine effiziente und sichere Schnorcheltechnik gelegt, wobei insbesondere auch mögliche Gefahren und deren Vermeidung aufgezeigt werden.

Den zweiten Schwerpunkt des Buches stellt die Tierwelt der Korallenriffe dar. Hier werden einige häufige und auffallende Tiere in Text und Bild vorgestellt. Informationen über ökologische Zusammenhänge, Lebensweise und Verhalten verschiedener Riffbewohner machen die eigenen Beobachtungen noch interessanter. Kurze Essays über ausgewählte Riffgebiete mit ihren jeweiligen Besonderheiten zeigen die enorme Vielfalt der indopazifischen Korallenriffe.

Beim Schnorcheln in diesen Gebieten können Sie eine überwältigende Anzahl an Riffbewohnern beobachten. Eigene Entdeckungen, denen praktisch keine Grenzen gesetzt sind, gehören sicher zum schönsten Erlebnis beim Schnorcheln. Gerade auch zu solchem Naturentdecken möchte dieses Buch anregen.

Manuela Kirschner
Matthias Bergbauer

Die notwendige Grundausstattung für das Schnorcheln besteht aus Taucherbrille (auch Maske genannt), Schnorchel und Flossen. Diese drei Ausrüstungsgegenstände werden oft als ABC-Ausrüstung bezeichnet. Auf Schnorchel und Flossen kann zur Not auch mal verzichtet werden, was jedoch nur ein sehr behelfsmäßiges Erkunden der Unterwasserwelt erlauben würde. Die Maske ist dagegen absolut unverzichtbar. Denn nur diese ermöglicht es uns, unter Wasser überhaupt etwas zu sehen – und das ist ja der Grund, weshalb wir schnorcheln wollen! Über die ABC-Ausrüstung hinaus ist je nach Begebenheit ein Anzug oftmals sinnvoll. Dazu Näheres im Kapitel „Kälte- und UV-Schutz"

Die Maske

Auch wenn die ABC-Ausrüstung vielerorts ausgeliehen werden kann, sollten Sie sich auf jeden Fall zum Kauf einer eigenen Maske entschließen. Denn nichts ist beim Schnorcheln so lästig wie eine schlechtsitzende Taucherbrille, da sie Druckstellen im Gesicht verursachen kann, vor allem aber ständig mit Wasser vollläuft. Am besten gehen Sie in ein Fachgeschäft für Tauchausrüstungen, denn dort werden Sie sachkundig beraten. Es ist eine Vielzahl von Maskentypen auf dem Markt. Form und Farbe sind oft eine Frage des derzeitigen Modetrends. Die nachfolgenden Ausführungen behandeln dagegen die notwendigen Qualitätsmerkmale.

Verschiedene gebräuchliche Maskentypen

Die Taucherbrille muß Augen und Nase umschließen. Alles andere sind für das Schnorcheln ungeeignete Schwimmbrillen. Die für das Schnorcheln benötigten Masken sind identisch mit denen, welche für das Gerätetauchen benutzt werden. Der sogenannte Nasenerker ist unbedingt notwendig, da es dieser beim Abtauchen ermöglicht, einen Druckausgleich durchzuführen. Die Nase sollte durch den Erker von außen leicht mit Daumen und Zeigefinger zugehalten werden können.

Tempered

Sicherheits- und Qualitätsstempel

Manche Masken besitzen ein durchgehendes, andere ein zweigeteiltes Frontglas. Einige Modelle haben noch zusätzliche Seitenfenster eingebaut. Mehr Gläser bedeutet keineswegs, daß die Maske deshalb auch besser wäre. Ob ein oder mehrere Gläser ist letztlich eine Frage des persönlichen Geschmacks. Oft ist ein Glas, ob durchgehend oder geteilt, die beste Wahl. Die Sichtscheiben müssen auf jeden Fall aus Sicherheitsglas sein (Aufschrift auf dem Glas: tempered glass). Kaufen Sie keine aus Kunststoff, denn diese zerkratzen schnell, und die Sicht ist dann erheblich beeinträchtigt. Das am Gesicht anliegende Material einer Maske besteht aus Gummi oder Silikon. Heute ist Silikon sehr weit verbreitet. Gegenüber Gummi ist es das flexiblere und für viele Personen das angenehmere Material. Ob Sie sich für eine Silikon- oder für eine Gummimaske entscheiden, ist jedoch letztlich eine Geschmacksfrage. Wichtig ist, daß die Maske bequem sitzt und gut dichtet. Silikon ist leicht durchscheinend und vermittelt gegenüber der Maske aus Gummi den Eindruck des weiteren Rundumblicks. Silikonmasken dürfen nicht für längere Zeit in der feuchten Tauchtasche aufbewahrt werden, denn sonst haben Sie in Kürze einen unansehnlichen schwarzen Pilzbefall in Ihrer Maske. Auch darf Silikon nicht länger dem direkten Sonnenlicht ausgesetzt werden – es verfärbt sich sonst gelblich.

Achten Sie beim Kauf darauf, daß der Maskenkörper mit einem doppelten Dichtrand versehen ist, um so besser dichtet die Maske ab. Sie darf nicht zu groß sein, aber auch nicht drücken. Je kleiner das Innenvolumen, desto leichter läßt sich eventuell eindringendes Wasser ausblasen. Das Maskenband muß auswechselbar und mit leicht bedienbarer Verstellmöglichkeit in der Länge ausgestattet sein. Im Hinterkopfbereich sollte das Band geteilt und damit verbreitert sein, um für besseren Halt zu sorgen. Kaufen Sie am besten gleich ein Ersatzband mit, denn wenn ein Maskenband reißt, dann meist am fernen Urlaubsort, wo kein Ersatz aufgetrieben werden kann. Der Schnorchel darf auf keinen Fall in die Maske eingebaut sein, wie es gelegentlich, vor allem an verschiedenen Urlaubsorten, noch zu sehen ist.

Masken für Brillenträger

Falls Sie unter Fehlsichtigkeit leiden, ist dies kein Problem. Es gibt serienmäßig hergestellte Masken mit optisch korrigierten Gläsern. Aber auch individuell angepaßte Gläser, die nach der jeweiligen Fehlsichtigkeit speziell vom Optiker

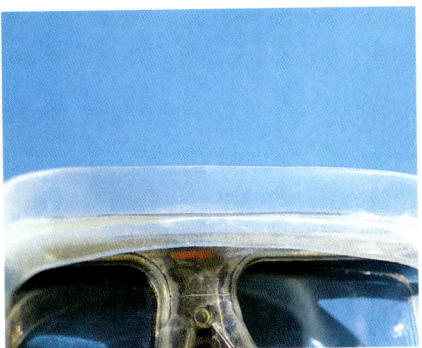

Wichtig für einen guten Sitz der Maske ist ein breiter, weicher Lamellenrand.

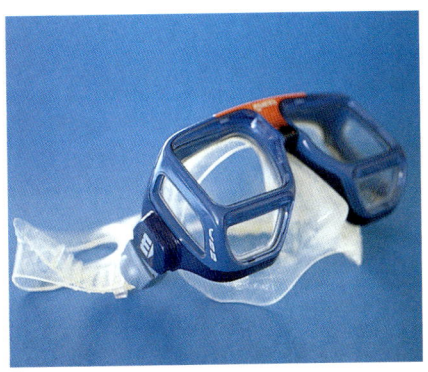

Am Anfang besonders gewöhnungsbedürftig ist die Mehrfenstermaske von Mares, bei der unterschiedliche Gläser eingesetzt werden können.

Wichtig ist ein guter Schnellverschluß zur Regulation des Maskenbandes.

angefertigt werden, können auf Wunsch eingesetzt werden. Wenn Sie Kontaktlinsen tragen, sind weiche Linsen den harten vorzuziehen. Sie müssen nur darauf achten, die Augen zu schließen, sollte die Maske mit Wasser vollaufen, damit die Kontaktlinsen nicht verlorengehen.

Machen Sie beim Kauf einer Maske folgende Probe: Maske ans Gesicht halten und durch die Nase einatmen. Paßt die Maske gut, bleibt sie am Gesicht haften; sie dichtet also so gut ab, daß der durchs Einatmen im Maskenraum erzeugte Unterdruck eine kurze Zeit gehalten wird. Achten Sie darauf, daß keine Haare unter den Dichtrand geraten, denn sonst kann sie nicht halten.

Neuere Maskenmodelle haben ein integriertes Ausblasventil. Dies ist nicht unbedingt nötig, wird aber von einigen als angenehm empfunden. Mit etwas Übung lassen sich Masken ohne solch ein Ventil leicht ausblasen. Das Ventil funktioniert im übrigen nicht, wenn die Maske

Maskenprobleme

Wie bereits erwähnt, wird die Maske vor jedem Benutzen mit Spucke ausgerieben und ausgespült, um ein Beschlagen zu verhindern. Sollte die Maske beim Schnorcheln trotzdem immer wieder beschlagen, könnte das zum einen daran liegen, daß Sie unbewußt über die Nase ausatmen. Sofern dies nicht der Fall ist, gibt es noch eine Reihe von Tricks, die Maske am Anlaufen zu hindern. Eine beliebte Variante ist es, die Maske mit Zahnpasta auszureiben, eine andere, sie eine Weile in Cola zu legen, und jeweils danach gründlich abzuspülen.

vollgelaufen ist. Es kommt oft vor, daß die Masken beim Schnorcheln stark beschlagen, was besonders bei neu gekauften der Fall ist. Einfachste Abhilfe: vor dem Aufsetzen reinspucken, Spucke verreiben und danach kurz mit Wasser ausspülen. Wenn das nicht hilft: über Nacht die Innenseite der Gläser mit Zahnpasta einreiben, dann gut auspülen. Wer das mit der Spucke nicht mag, kann auch ein Antibeschlagmittel für Tauchermasken kaufen und es jeweils vor dem Schnorcheln auf den Gläsern verreiben.

Der Schnorchel

Ein Schnorchel ist im Prinzip lediglich ein einfaches, unten gekrümmtes Rohr, das an beiden Seiten offen ist. Damit kann man unter Wasser atmen, ohne den Kopf aus dem Wasser heben zu müssen. Der Schnorchel besteht aus zwei getrennten Teilen, dem Rohr und einem separaten Mundstück, das am gebogenen Ende aufgesteckt wird und drehbar ist. Das Mundstück, meistens aus Silikon oder bei etwas älteren Modellen aus Gummi bestehend, muß bequem zwischen Zähne und Lippen passen, also anatomisch geformt sein. Achten Sie beim Kauf darauf, daß das Mundstück nicht zu hart ist und abgerundete Kanten hat, damit keine wundgescheuerten Stellen im Mund entstehen.

Der Schnorchel darf maximal 35 cm lang sein. Der Durchmesser des Rohres darf für Kinder nur 15–18 mm, für Erwachsene 18–25 mm betragen! Diese Größenbeschränkungen dienen der Sicherheit, da mit überlangen Schnorcheln die Gefahr von Lungenschädigungen besteht und bei zu voluminösen Schnorcheln zudem eine Pendelatmung der verbrauchten Atemluft auftreten kann.

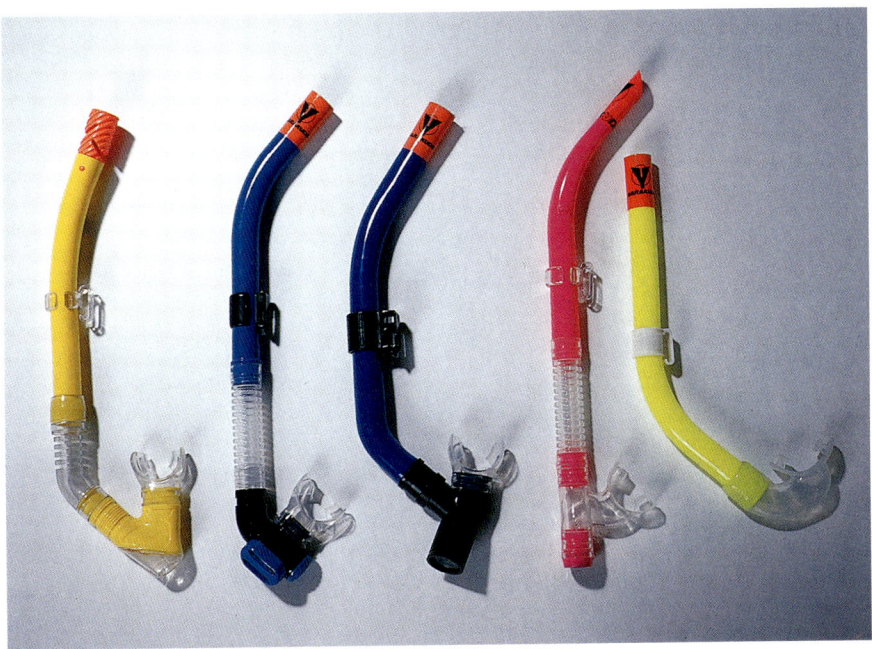

Verschiedene geeignete Schnorcheltypen

Schnorchel sind in den Materialien Kunststoff oder Silikon in verschiedenen Farben erhältlich. Viele Modelle tragen am oberen Rand einen leuchtfarbenen Streifen. Dieser soll helfen, einen Schnorchler oder Taucher besser an der Wasseroberfläche ausmachen zu können.

Der Schnorchel wird entweder unter das Maskenband geklemmt oder an einer zusätzlichen Haltevorrichtung am Maskenband befestigt. Kaufen Sie keine Schnorchel mit Faltenschläuchen, da diese schwer auszublasen sind. Es gibt neue und leider auch teurere Schnorchelversionen mit einem Ausblasventil am Mundstück, welches den Aufwand des Ausblasens erleichtern soll.

Nicht immer ist das Teuerste auch das Beste! Denken Sie beim Kauf daran, daß gerade der Schnorchel leicht verloren-

Keine Ballventile

Am Rande seien hier noch die Schnorchel erwähnt, die mit einem kleinen Bällchen am Auslaß versehen sind (Pingpongball-Prinzip), das den Schnorchel beim Abtauchen verschließt.

Solche Schnorchel sind gefährlich und daher seit einigen Jahren auch fast nicht mehr auf dem Markt. Erstaunlicherweise fördern aber immer wieder Eltern solche antiquierten Modelle vom Dachboden zutage, da sie für die Kinder zum Spielen im Wasser ja vermeintlich noch gut geeignet zu sein scheinen.

Offene Geräteflossen und Schnorchelflossen mit angesetztem Schuhteil

geht. Ein einfacher, preiswerter Schnorchel tut seinen Dienst meist genausogut wie ein wesentlich teurerer und verringert die Schmerzen beim Verlust.

Die Flossen

Prinzipiell können Sie auch ohne Flossen schnorcheln gehen. Von den drei Gegenständen der ABC-Ausrüstung sind die Flossen am leichtesten zu entbehren. Sie können also gerne nur mit Maske und Schnorchel ausgerüstet zu Ihrer Schnorchelexkursion aufbrechen. Flossen dienen dazu, mit wenig Kraftaufwand im Wasser vergleichsweise schnell vorwärts zu kommen. Damit sind Flossen jedoch für alle etwas ausgedehnteren oder längeren Schnorchelausflüge eigentlich doch wieder unverzichtbar. Als Flossenmaterial werden heute im allgemeinen

verschiedene Kunststoffe verwendet. Unterschiedlichste Ausführungen in Form und Farbe sind auf dem Markt. Das Flossenblatt kann kurz oder lang, weich oder hart sein. Es gibt die übliche Größenaufteilung in Schuhgrößen oder in XS, S, M, L, XL, XXL. Grundsätzlich zu unterscheiden sind Geräteflossen und Schwimmbadflossen.

Geräteflossen

Sie sind im Fersenteil offen und können nur mit zusätzlichen Neoprenfüßlingen getragen werden. Ein längenverstellbares Fersenband sorgt für sicheren Halt der Flosse. Auch hier empfiehlt sich, ein Ersatzband auf Reisen mitzunehmen. Der Vorteil von Flossen mit offenem Fersenteil besteht darin, daß die Füßlinge beim Gehen einen guten Schutz darstellen. Wer schon mal mit nackten Füßen über ein Riffdach oder spitze Felsen lau-

Monoflossen erfordern ein gutes Training, bevor man sie im freien Gewässer einsetzen kann.

anprobieren. Jemand soll sich auf das Flossenblatt stellen, und Sie versuchen, einen Schritt zu machen. Die Flosse paßt richtig, wenn sie weder einschnürt, noch vom Fuß rutscht. Grundsätzlich gilt: Ist die Flosse an Land angenehm zu tragen, ist dies auch unter Wasser der Fall. Lassen Sie die Flosse im Laden daher ruhig einige Minuten am Fuß. Schlechtsitzende Flossen führen zu Blasen oder Scheuerstellen an den Füßen und können selbst Wadenkrämpfe durch falschen Flossenschlag verursachen. Einige Schnorchler empfinden es als angenehmer, dünne Socken in Schwimmbadflossen zu tragen, auch um Scheuer- und Druckstellen zu verhindern. Bei optimal sitzenden Flossen ist dies sicher nicht notwendig.

fen wollte, weiß dies zu schätzen. Auch unter Wasser bieten Füßlinge einen guten Schutz beispielsweise vor Schnittverletzungen. Grundsätzlich sind Geräteflossen etwas größer, schwerer und teurer als vergleichbare Schwimmbadflossen. Sie werden vor allem beim Tauchen verwendet, insbesondere auch weil sie dank der Füßlinge einen guten Kälteschutz gewährleisten. Geräteflossen sollten mit den Füßlingen anprobiert werden, die auch beim Schnorcheln getragen werden (vgl. Kapitel „Füßlinge").

Schwimmbadflossen
Sie haben ein an den Fersen geschlossenes Fußteil. Natürlich können Schwimmbadflossen nicht nur im Schwimmbad getragen werden, sondern eignen sich bestens für alle warmen Gewässer! Beim Kauf von Schwimmbadflossen sollten Sie diese mit nacktem Fuß

Sicherheitstip

Schnorcheln ist erst dann sicher und macht richtig Spaß, wenn man von Anfang an die passende, richtig sitzende Ausrüstung hat. Hier zu sparen verhindert nicht nur den richtigen Einstieg, sondern macht jeden Versuch zum gefährlichen Risiko.

Erst wer feststellt, daß man mit der richtigen Maske unter Wasser alles so scharf wie an Land sehen kann und mit dem richtigen Schnorchel ungehindert an der Wasseroberfläche atmen kann, verliert die Angst, wird unverkrampft und locker.

Nutzen Sie deshalb durchaus die Leihangebote der Tauchbasen, Schulen und Fachgeschäfte, bis Sie die perfekt sitzende, auf Sie abgestimmte ABC-Ausrüstung gefunden haben.

*Tropenoverall Barbados black
(3 mm) von Camaro*

*In tropischen Gewässern genügt ein
Monotherme (1 mm) von Camaro*

Ob Sie nun Geräte- oder Schwimmbadflossen kaufen, achten Sie neben dem optimalen Sitz auch auf das Flossenblatt. Dessen Größe und Härte sind je nach Körpergröße und Trainingsstand des Benutzers auszuwählen. Die beim Flossenschlag auftretenden Kräfte dürfen Beinmuskulatur und Gelenke nicht zu sehr belasten. Je größer und fester ein Flossenblatt, desto größer der erzeugte Vortrieb, aber auch die Beanspruchung der Gelenke und Muskulatur. Sehr lange Flossen sind zudem sperrig im Urlaubsgepäck und wirklich nur für Trainierte geeignet. Kurze und weiche Flossenblätter erzeugen nur einen geringeren Vortrieb, beanspruchen Gelenke und Bein

muskulatur aber auch nur wenig. Neben der Form der Flossenblätter sollen Verstärkungsleisten, Strömungskanäle, Schlitze oder auch Gummieinsätze im Blatt für Richtungsstabilität und höhere Effektivität sorgen. Das Flossenblatt sollte leicht nach unten abgewinkelt sein.

Für Beginner und wenig Trainierte ist ein mittelhartes und mittelgroßes Flossenblatt empfehlenswert. Für Fortgeschrittene darf es ruhig etwas größer und härter sein. Von vielen wird es als vorteilhaft angesehen, wenn die Flosse leichter als Wasser ist und schwimmt. Falls sie verlorengeht, treibt sie an der Wasseroberfläche und ist leichter wiederzufinden.

Overall und Shorty von Barakuda aus dünnem Neopren

Einteiler von Scubapro

Kälte- und UV-Schutz

Ein Tauch- oder Schnorchelanzug kann verschiedene Vorteile haben:
– Schutz vor Kälte,
– Schutz vor Sonnenbrand und
– Schutz vor nesselnden Tieren, wie beispielsweise Quallen.
Wer ausschließlich in tropisch-warmen Gewässern schnorchelt, ist weniger der Gefahr des Auskühlens ausgesetzt als der eines Sonnenbrandes. Ein T-Shirt schützt den Oberkörper schon recht gut vor den Sonnenstrahlen, aber nicht gegen Auskühlung. Selbst in tropischen Gewässern besteht die Gefahr einer gewissen Unter-

kühlung. Der Körper ist von Wasser umgeben, das durch die eigene Bewegung ständig im Austausch ist. Ein Naßtauchanzug bietet einen sehr guten Schutz gegen Auskühlung. Naßtauchanzüge sind größtenteils aus Neopren gefertigt, einem gummiähnlichen Material mit unzähligen kleinen Gaseinschlüssen. Da Gase eine geringere Wärmeleitfähigkeit als Wasser haben, wird der Körper durch die Gasbläschen isoliert. Der Anzug muß aber gut sitzen, damit der Wasseraustausch gering bleibt. Dann bildet sich zwischen Haut und Anzug eine dünne Wasserschicht, die sich erwärmt und warm hält. Naßtauchanzüge gibt es in verschiedenen Materialstärken. Sinnvoll

17

beim Schnorcheln in den Tropen ist eine Dicke zwischen 3 und 5 mm. Diese sogenannten „Tropenoveralls" sind mit und ohne Kopfhaube erhältlich. Ein Anzug mit Kopfhaube schützt auch den empfindlichen Kopf- und Nackenbereich. Damit der Anzug leicht an- und auszuziehen ist, sollte er innen und außen „kaschiert" sein. Diese Nylonkaschierung gibt es in allen Farben. Bedenken Sie neben modischen Aspekten, daß eine Außenkaschierung in dunklen Farben an der Wasseroberfläche fast schon einer Tarnfärbung gleichkommt. Im Notfall, aber auch für vorbeifahrende Boote, sind Sie wesentlich schlechter erkennbar als mit leuchtenden Farben. Vor allem grelle Signalfarben, beispielsweise Gelb, Orange oder Pink, heben sich deutlich von der Wasserfarbe ab.

Achten Sie beim Kauf auf eine gute Verarbeitung, das bedeutet, doppelt vernäht und geklebt. Hochwertige Anzüge sind mit „Blindstichen" versehen. Hierbei gehen die Stiche nicht bis zur Innenseite des Anzugs durch, so daß kein Wasser durch die Nähte nach innen dringen kann. Reißverschlüsse an Armen und Beinen sorgen für bequemes An- und Ausziehen. Falls von der Stange nichts paßt, kann man sich einen Maßanzug fertigen lassen. Bei einem sogenannten „Shorty" sind Arme und Beine des Anzugs nur angeschnitten, so daß nicht der ganze Körper verhüllt ist. Er schützt und wärmt also lediglich den Oberkörper.

Der Nachteil eines Naßtauchanzugs aus Neopren ist der Auftrieb! Dieser wird durch die im Material eingeschlossenen Luftbläschen verursacht. Um den Auftrieb auszugleichen, braucht auch der Schnorchler etwas Blei. Bei dickeren Anzügen ist dies sicher nötig, um wieder eine optimale Schwimmlage zu haben und besonders, um abtauchen zu können. Bei kurzen, dünnen Anzügen kann meist auf Blei verzichtet werden.

Kein Blei wird benötigt, wenn Sie sich für einen Anzug aus Lycra entscheiden. So ein hauchdünner, eng anliegender

Füßlinge ohne Laufsohle

Füßlinge mit Laufsohle

Overall sieht nicht nur schick aus, er hat auch den Vorteil, daß er bequemer zu tragen ist als ein Anzug aus Neopren. Zudem wiegt er kaum etwas und braucht fast keinen Platz im Gepäck. Er bietet Schutz vor Sonnenbrand und vor nesselnden Tieren. Dafür schützt er jedoch kaum vor Kälte und ist weniger haltbar als ein Anzug aus Neopren.

Einen gewissen Wärmeschutz für Stirn und Ohren bieten Stirnbänder aus Neopren, die in allen Farben erhältlich sind.

Füßlinge

Sie bieten Schutz vor scharfkantigem Felsgestein oder Korallen, und man kann mit ihnen bequem über heißen Sand laufen. Sie sind meist aus Neopren und haben eine mehr oder weniger dicke Kunststoffsohle. Füßlinge aus reinem Neopren, die keine Laufsohle haben, sogenannte „Neoprensocken", schützen lediglich vor Kälte. Solche sind für Geräteflossen ungeeignet und kommen nur für Schwimmbadflossen in Frage. Hierbei ist zu beachten, daß die „Neoprensocken" dicker sind als normale Strümpfe, der Fußteil der Schwimmbadflossen also ausreichend groß sein muß.

Bleigurt

Wer einen Anzug aus Neopren trägt, hat je nach Anzugtyp und Materialstärke aufgrund der vielen eingeschlossenen Luftbläschen einen mehr oder weniger großen Auftrieb im Wasser. Abtauchen ist eventuell nur noch eingeschränkt oder gar nicht möglich. Dem kann durch Blei, das an einem Bleigurt befestigt wird, abgeholfen werden. Ein Bleigürtel besteht in der Regel aus einem gewebten Kunststoffband, auf das die einzelnen Bleistücke aufgefädelt werden. Bleistücke sind in Einheiten von ½ bis zu 3 Kilo erhältlich. Sogenannte Bleistopper verhindern ein Verrutschen der einzelnen

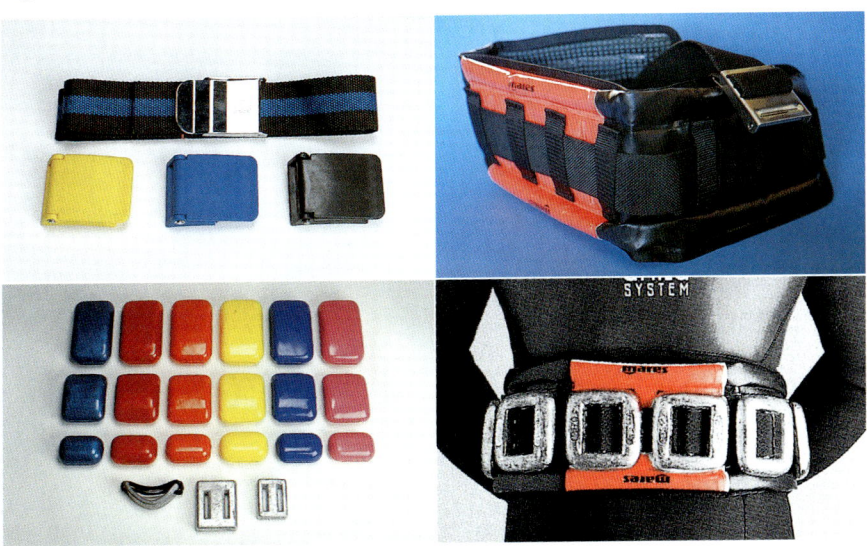

Bleigewichte werden an Bleigurten mit Schnellabwurfschließe getragen.

19

Die richtige Menge Blei

Ziehen Sie Ihre gesamte Schnorchelausrüstung mitsamt Anzug an, gehen ins Wasser, nehmen den Schnorchel in den Mund und atmen soviel ein, daß die Lunge etwa zur Hälfte gefüllt ist. Sie haben die richtige Bleimenge, wenn Sie absinken, nachdem Sie völlig ausatmen.

Stücke. Wieviel Blei jeder braucht, ist unterschiedlich und muß ausprobiert werden.

Ein Bleigurt muß auf jeden Fall mit einer Schnellabwurfschnalle ausgestattet sein, damit der Bleigurt im Notfall rasch abgeworfen werden kann. Eine etwas luxuriösere und zum Tragen bequemere Variante sind Bleigürtel mit gepolsterten Taschen, die zur Aufnahme der Bleistücke dienen. Hierbei entfällt auch das lästige Auffädeln der einzelnen Bleistücke.

Notwendiges und nützliches Zubehör

Zur eigenen Sicherheit sollten Sie bei Ihren Schnorchelausflügen immer eine Markierungsboje mitführen. Sie kennzeichnen damit nicht nur Ihr Schorchelrevier und machen Bootsfahrer und Surfer rechtzeitig auf sich aufmerksam, sondern Sie haben auch sofort für alle Eventualitäten einen Ruhepunkt dabei. In manchen Bereichen sind solche Bojen sogar vorgeschrieben, damit Sie im Falle von auftretenden Strömungen leichter geortet werden können.

Wenn Sie die Farben unter Wasser in ihrer ganzen Pracht erfassen oder gar nachts schnorcheln wollen, müssen Sie auf alle Fälle eine Handlampe mit ausreichender Lichtstärke und entsprechender Brenndauer mit sich führen. Als nützlich haben sich handliche Halogenlampen mit wiederaufladbaren Akkus erwiesen, für die es z.T. bereits Solarladegeräte gibt.

Sicherungsboje

UW-Lampe

20

Wenn Sie sich intensiver dem Natursport Schnorcheln zuwenden, werden Sie Ihre Ausrüstung nach und nach professioneller gestalten und durch eine Taucheruhr, Tiefenmesser, Kompaß und Tauchermesser ergänzen. Achten Sie bei Anschaffungen darauf, daß bei Instrumenten eine gute Ablesbarkeit gewährleistet ist und alle Geräte auch seewasserbeständig sind. Instrumente sollten, auch wenn sie nur zum Schnorcheln verwendet werden, wenigstens auf 10 bar gepüft sein.

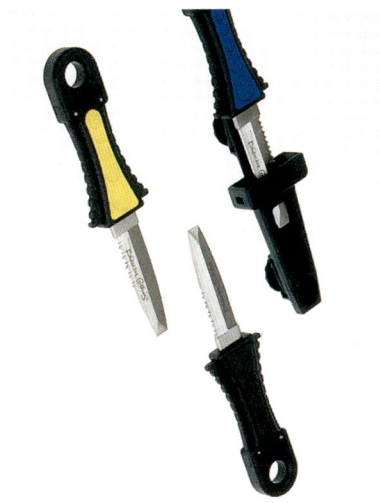

Tauchermesser

Taucheruhr mit Tiefenmesser

UW-Scheinwerfer

Elektronischer UW-Kompaß

Pflegehinweise

Nach jedem Schnorchelausflug sollte die benutzte Ausrüstung mit Süßwasser abgespült und anschließend getrocknet werden. Aber bitte nicht in die pralle Sonne legen, denn das Material kann auf Dauer eventuell porös und brüchig werden, ausbleichen bzw. sich verfärben. Masken aus Silikon müssen völlig trocken sein, bevor sie in die Maskenbox oder in die Badetasche eingepackt werden. Sonst bildet sich schnell ein sogenannter „Schwärzeschimmel", wie er auch als Stockflecken in feucht gelagerten Stoffen auftritt. Insbesondere Neopren ist länger haltbar, wenn es nicht direkter Sonneneinwirkung ausgesetzt wird. Auch die Farben der Stoffkaschierung verblassen durch intensive Sonneneinstrahlung schneller. Waschen Sie nach dem Urlaub Ihren Neoprenanzug mit einem Feinwaschmittel in der Waschmaschine im 30°-Waschgang, ohne zu schleudern. Die Reißverschlüsse sollten einmal im Jahr leicht eingefettet werden.

Wichtige Kontaktadressen

Verband Deutscher Sporttaucher
VDST e.V.
Tannenstraße 25
D-64546 Mörfelden-Walldorf
Tel. 06105/961301 und 02
Fax 06105/961345
e-Mail: vdst.eV@t-online.de
Internet: http://www.vdst.de

Deutsche Lebensrettungsgesellschaft
Im Niedernfeld 2
D-31542 Bad Nenndorf

Tauchsportverband Österreich TSVÖ
Erlachgasse 36–40
A-1100 Wien

Schweizer Unterwasser-
Sportverband
Pavillionweg 3
CH-3012 Bern

Barakuda International
Aquanautic Club
Borbeckerstraße 238
D-45355 Essen

Padi Europe
Oberwilerstraße 3
CH-8442 Hettlingen

Scuba Schools International (SSI)
Otto-Hahn-Straße 1c
D-69190 Walldorf

VIT
Verband Internationaler Tauchschulen
Schlierseestraße 5
D-81541 München

FIT
Schwelmerstraße 141
D-42389 Wuppertal

Impressionen aus dem Roten Meer

Sie werden sich sicher fragen, ob beim Schnorcheln überhaupt eine „Technik" wichtig ist? Natürlich können Sie ins Wasser steigen und irgendwie drauflos schnorcheln. Doch spätestens, wenn es gilt, in die Maske eingedrungenes Wasser elegant wieder herauszubekommen, den Schnorchel auszublasen oder die ungewohnten Flossen effektiv einzusetzen, wird der Unterschied zwischen irgendwie und richtig schnorcheln überzeugend deutlich. Letzteres ist nicht nur eleganter, sondern auch wesentlich bequemer, kräftesparender und deutlich sicherer. Je besser man mit der Ausrüstung umgehen kann, desto mehr kann man sich auf das

Beobachten und Entdecken der Unterwasserwelt konzentrieren. Es lohnt also, die eigene Schnorcheltechnik zu optimieren. Üben kann man am besten im flachen Wasser am Strand oder in einem Swimmingpool.

Maske ausblasen

Beginnen wir bei der Maske. Beim Aufsetzen sollten Sie darauf achten, daß keine Gesichtshaare unter den Maskenrand geraten, da dieser sonst nicht richtig abdichten kann. Bei Männern kann auch ein „Urlaubs-Drei-Tage-Bart" stören. Drücken Sie die Maske ans Gesicht und ziehen das Halteband über den Hinterkopf. Die Maske sollte nun nicht mehr verrutschen. Während des Schnorchelns im freien Wasser oder beim Abtauchen

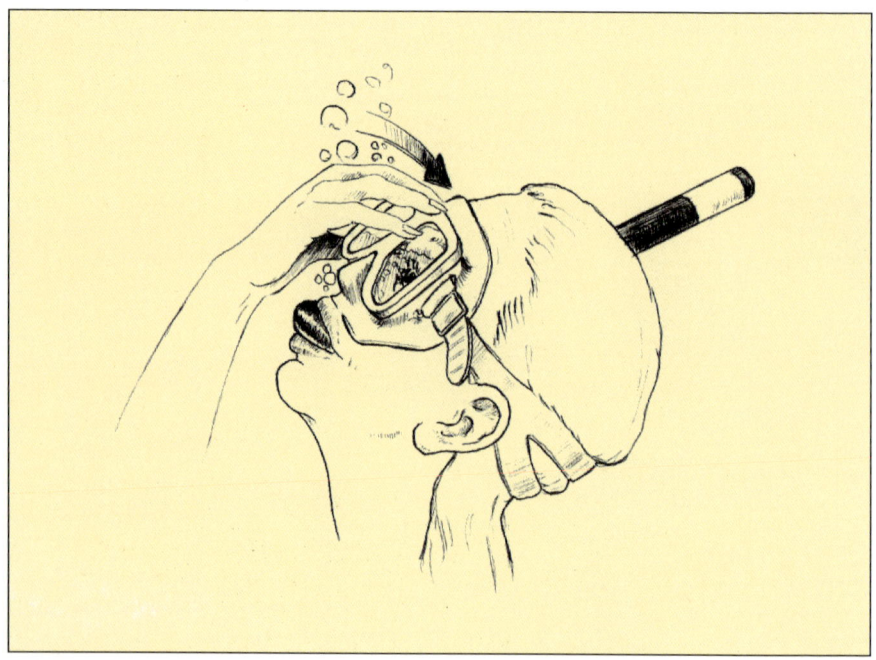

Ausblasen der Maske

24

kann es passieren, daß Wasser in die Maske läuft. Entweder weil die Maske nicht gut sitzt, Kopf- oder Barthaare zwischen Maskenrand und Gesicht liegen oder weil vielleicht der Schnorchelpartner versehentlich mit den Flossen gegen die Maske geschlagen hat und diese kurz verrutscht ist. Dies ist alles kein Grund zur Unruhe. Es gibt eine einfache Technik, das eingedrungene Wasser wieder aus der Maske zu bekommen, die Sie folgendermaßen üben können.

Suchen Sie sich im flachen Wasser einen sicheren Halt. Stellen Sie sich aufrecht hin, atmen kurz ein und gehen in die Knie, damit der Kopf unter Wasser kommt. Ziehen Sie kurz den Maskenrand vom Gesicht, bis Wasser in die Maske läuft. Nun legen Sie den Kopf in den Nacken und drücken den oberen Maskenrand fest an die Stirn. Gleichzeitig atmen Sie durch die Nase kräftig aus. Die eindringende Luft verdrängt das Wasser aus dem Maskenraum; es wird durch das Ausatmen am unteren Maskenrand nach außen gedrückt. Der gesamte Vorgang dauert nur wenige Sekunden. Falls es nicht gleich klappt, liegt es meist daran, daß die Maske beim Ausblasen nicht dicht genug am Gesicht anliegt. Vielleicht haben Sie aber auch unbewußt aus dem Mund ausgeatmet und die Luft ist an der Maske vorbeigeströmt. Nach einigen Malen Üben stellt sich aber rasch Erfolg ein, und Sie werden diese wichtige Grundübung perfekt beherrschen. Sollten Sie später einmal vom Schnorcheln zum Tauchen wechseln, beherrschen Sie bereits eine der wichtigsten Übungen der Anfängerausbildung!

Schnorchel ausblasen

Beim Abtauchen und anschließendem Auftauchen ist der Schnorchel natürlich mit Wasser gefüllt. Aber auch beim Schwimmen an der Wasseroberfläche kann durch Wellen und Spritzwasser Wasser in den Schnorchel kommen. Dieses muß ausgeblasen werden, damit es beim nächsten Atemzug nicht in die Luftröhre gelangt. Die Übung dazu führen Sie am besten wie beim Maskeausblasen im Flachwasser durch. Suchen Sie sich einen guten Stand, atmen kurz ein und tauchen dann mit dem Kopf so weit unter, bis Wasser in den Schnorchel läuft. Nun richten Sie sich wieder auf und atmen kurz und kräftig durch den Mund aus. Es muß ein deutlicher Atemstoß zu hören sein. Nun sollte das ganze Wasser aus dem Schnorchel raus sein. Das Wichtigste hierbei ist: kräftig und schnell ausatmen! Durch den Druck der Ausatemluft wird das eingedrungene Wasser in einer Fontäne oben aus dem Schnorchel geblasen. Vorsicht dennoch beim ersten Atemzug, es kann noch etwas Wasser im Schnorchel sein. Es ist äußerst unangenehm, wenn noch vorhandenes Wasser beim Einatmen in die Luftröhre gelangt. Verschlucken und Husten sind die lästigen Folgen.

Merke:
Niemals gegen, sondern immer mit dem Wasser arbeiten!
Lieber einmal den Schnorchel aus dem Mund nehmen, als sich hustend zu verschlucken und anschließend in Atemnot zu geraten.

Heute gibt es Schnorchelmodelle, bei denen sich am unteren Ende des Mundstücks ein Ausatemventil befindet. Auch hier muß eingedrungenes Wasser aus dem Schnorchel raus, wird jedoch nach unten durch das Ventil rausgedrückt. Aufgrund des kurzen Weges ist nur ein vergleichsweise geringer Ausatemdruck nötig. Für viele ist dies eine deutliche Erleichterung. Dieser Komfort macht sich aber durch einen höheren Anschaffungspreis bemerkbar.

Flossenschwimmen

Ein guter, effektiver und kräftesparender Flossenschlag beim Schnorcheln ist die halbe Miete. Wie beim Kraulstil werden die Beine abwechselnd auf- und abbewegt. Wichtig ist, daß die Knie dabei nicht angewinkelt werden. Solch eine Radfahrbewegung wäre genau das Falsche, der Kraftaufwand ginge wirkungslos ins Leere. Ein langsames Vorwärtskommen, dafür aber eine schnelle Ermüdung wären die Folge.

So geht's richtig: Legen Sie sich mit dem gesamten Körper bäuchlings auf die Wasseroberfläche. Die Arme werden entweder nach vorne ausgestreckt oder seitlich an den Körper gelegt. Welche Variante Sie wählen, ist Ihnen überlassen – die erstere hat den Vorteil der besseren Steuerung und bietet noch mehr Auftrieb –, wichtig ist jedoch, daß die Arme nicht mitbewegt werden. Die gesamte Vorwärtsbewegung erfolgt durch den Beinschlag. Ob Sie Schwimmbad- oder Geräteflossen benutzen, spielt für die „Flossentechnik" keine Rolle. Die Beine werden mitsamt den Fußspitzen gerade ausgestreckt. Das eine Bein wird durch eine Bewegung, die aus dem Hüftgelenk kommt, nach unten gedrückt, bis es völlig ins Wasser eingetaucht ist. Nun wird es entspannt und bis kurz unter die Wasseroberfläche zurückgeführt, wobei gleichzeitig das andere Bein nach unten gedrückt wird. Dieser Beinschlag wird

kontinuierlich abwechselnd durchgeführt. Die Beugung aus dem Hüftgelenk heraus darf aber nicht zu groß sein, da ansonsten ein überflüssiger Kraftaufwand durch die vordere Oberschenkelmuskulatur zu leisten wäre, bedingt durch den Widerstand des Wassers. Achten Sie auch darauf, daß der Fuß bzw. das gesamte Bein nicht zu weit aus dem Wasser kommt, da auch hier der Kraftaufwand unnötig groß ist, das Bein wieder unter die Wasseroberfläche zu drücken. Durch das gleichmäßige Auf und Ab der Beine kommen Sie mühelos vorwärts.

Abtauchen

Das Abtauchen ist durch mehrere Techniken möglich: Wir stellen Ihnen zwei Arten vor:

Hüftknicktechnik
Diese Abtauchtechnik erfolgt aus „dem Stand" oder, was es noch einfacher macht, aus der Vorwärtsbewegung heraus. Sie liegen bäuchlings auf der Wasseroberfläche, die Arme sind entweder am Körper angelegt oder nach vorne ge-

Sicherheitsregel: Niemals hyperventilieren

Das Hyperventilieren vor dem Abtauchen ist also auf jeden Fall zu unterlassen. Wer mit Kindern schnorchelt, sollte darauf achten, daß diese es auch nicht tun. Beim Abtauchen in die Tiefe empfiehlt es sich, daß ein Partner an der Oberfläche wartet, während der andere abtaucht, und ihn dabei beobachtet.

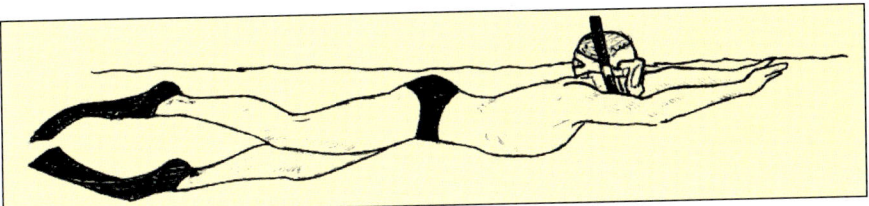

Normale Schnorchellage

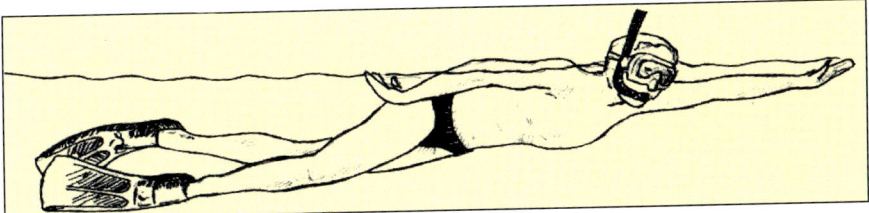

Seitenlage

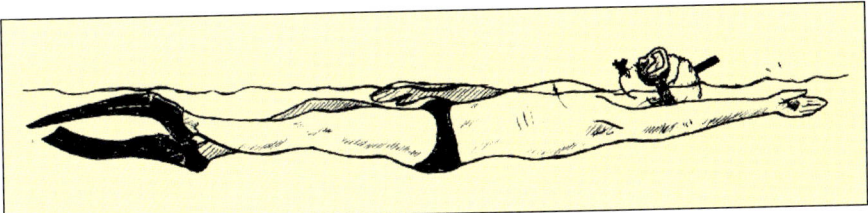

Rückenlage

Delphinschwimmen

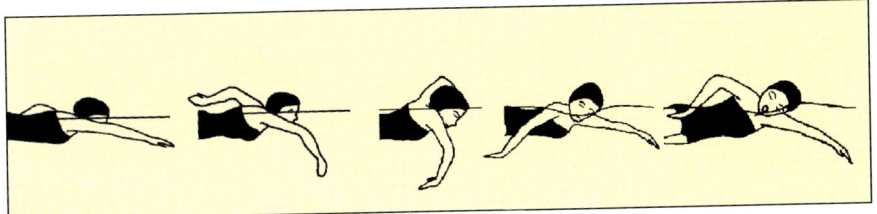

Wenn Sie etwas schneller schnorcheln möchten als nur mit Beinschlag, können Sie selbstverständlich die Arme zu Hilfe nehmen und mit Kraularmzügen schwimmen.

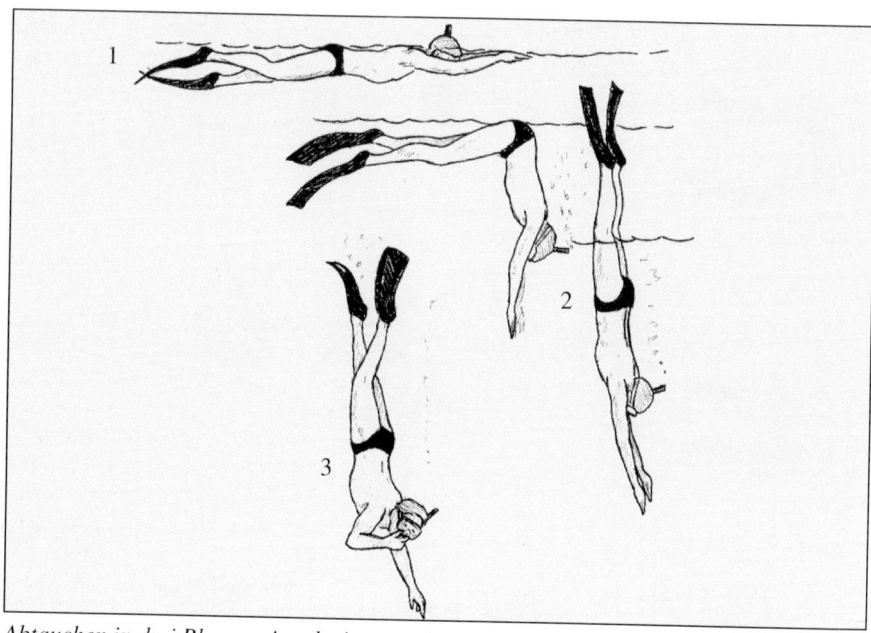

Abtauchen in drei Phasen: Anschwimmen (1) – Abknicken (2) – Abtauchen (3)

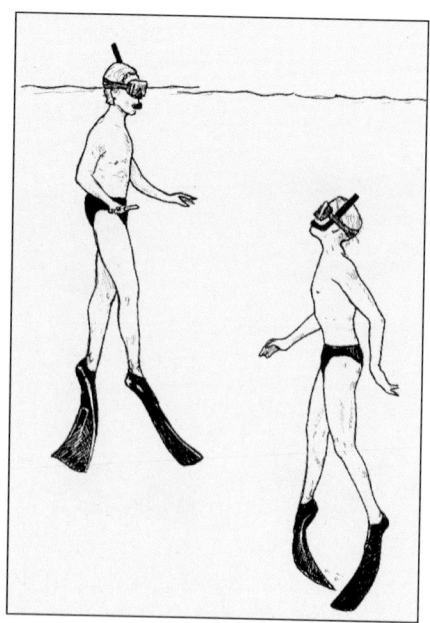

streckt. Nun wird leicht eingeatmet und der Oberkörper rechtwinklig nach unten abgeknickt. Die Beine werden kurz in Richtung Brust gezogen und gleich danach lang nach oben ausgestreckt. Dadurch ragen sie in voller Länge aus dem Wasser und drücken durch das eigene Gewicht den Körper schnell unter die Wasseroberfläche. Ohne die Abtauchbewegung zu unterbrechen, kommt eine Hand an die Nase, um den Druckausgleich zu machen. Sobald die Flossen wieder ganz ins Wasser eingetaucht sind, können Sie mit dem Flossenschlag fortfahren und so rasch tiefer abtauchen.

Absinktechnik

Diese Technik wird, obwohl sie mehr Kraftaufwand erfordert, oftmals von Anfängern beim Schnorcheln wie auch beim Gerätetauchen bevorzugt. Sie ist

Flossenschlag unter Wasser

zwar etwas einfacher zu erlernen als der „Hüftknick", aber lange nicht so effektiv wie dieser.

Sie stehen ohne Bewegung senkrecht im Wasser, dabei zeigen die Flossenspitzen senkrecht zum Grund. Machen Sie ein oder zwei kurze Flossenschläge auf der Stelle, bis Ihr Oberkörper mit den Schultern aus dem Wasser ragt. Ein Arm liegt eng vor der Brust mit Daumen und Zeigefinger am Nasenerker, um beim Absinken den Druckausgleich durchzuführen. Der andere Arm liegt entweder dicht am Körper oder wird beim Absinken nach oben gestreckt. Die Arme müssen eng am Körper liegen beziehungsweise ausgestreckt sein, um den Wasserwiderstand zu verringern. Atmen Sie kurz leicht ein und lassen sich anschließend passiv absinken. Wichtig ist die Senkrechtstellung der Flossenspitzen und daß die Arme nicht waagerecht abstehen. Wenn Sie et-

wa 1,5 m tief abgesunken sind, richten Sie mit Hilfe der Arme den Oberkörper schräg nach unten und setzen gleich mit dem Flossenschlag ein, damit Sie in ausgestreckter Lage, mit den Armen nach vorne, weiter abtauchen können.

Druckausgleich

Wasser hat eine viel höhere Dichte als Luft, daher ist der Wasserdruck auch erheblich größer als der Luftdruck. Beim Schnorcheln an der Wasseroberfläche ist man noch dem geringen Luftdruck ausgesetzt. Beim Abtauchen erhöht sich jedoch der Umgebungsdruck mit zunehmender Tauchtiefe. Geschieht beim Abtauchen kein Druckausgleich, wird das Trommelfell durch den erhöhten Außendruck nach innen gewölbt, was sich durch Schmerzen im Ohr bemerkbar

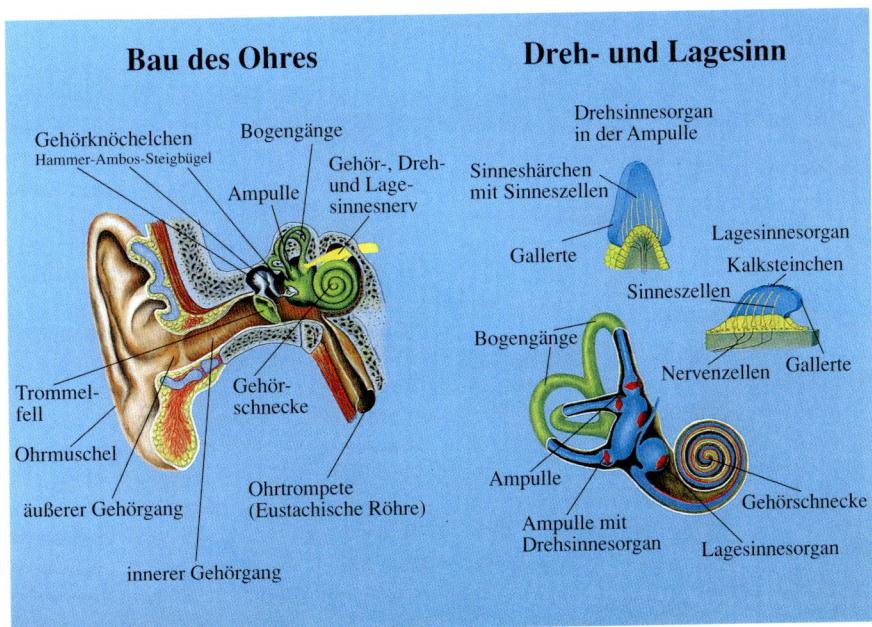

Aufbau des Ohres

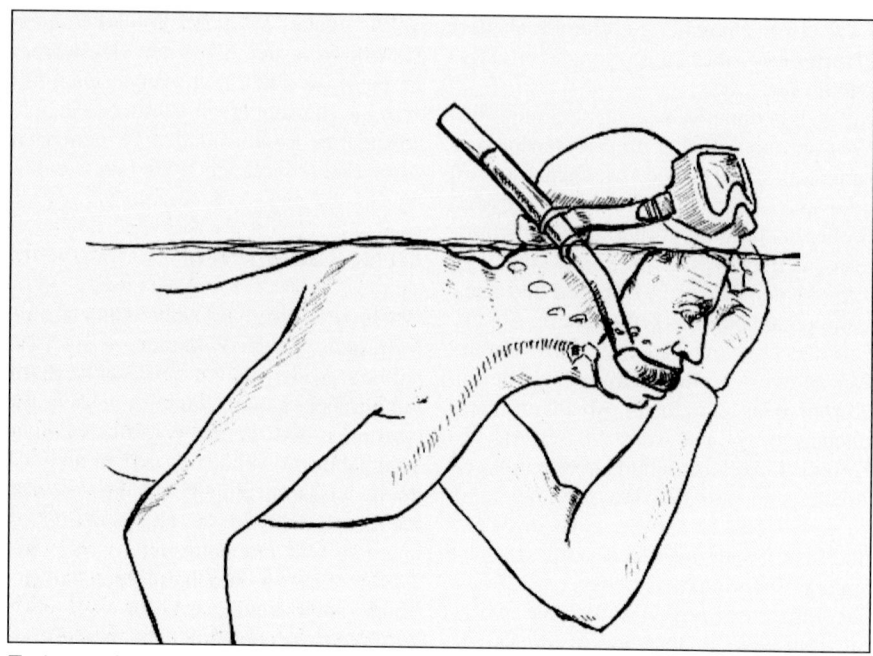

Trainingsübung zum Wasser-Nase-Reflex

macht. Das Trommelfell ist aber nur bedingt dehnbar, so daß es schon in

Sicherheitsregel: Niemals Ohrenstöpsel

Auf keinen Fall jedoch dürfen Ohrstöpsel verwendet werden, die ein Eindringen von Wasser in die Ohren verhindern, da sonst beim Abtauchen die Gefahr eines Risses im Trommelfell besteht. Denn zwischen dem Ohrstöpsel und dem Trommelfell entsteht ein kleiner luftgefüllter Hohlraum, in dem durch den zunehmenden Umgebungsdruck beim Abtauchen ein relativer Unterdruck entsteht. Das Trommelfell wird dadurch gewissermaßen nach außen „gedrückt".

wenigen Metern Tiefe einreißen kann. Es muß also beim Abtauchen ein Druckausgleich zwischen Außen- und Mittelohr hergestellt werden. Durch eine tubenartige Verbindung, der sogenannten „Eustachischen Röhre", ist der Mund- und Rachenraum mit dem Mittelohr verbunden. Einigen Menschen gelingt der Druckausgleich durch einfache Schluckbewegungen, bei den meisten ist er auf diese Weise jedoch nicht durchführbar.

Die am weitesten verbreitete Technik des Druckausgleichs geht folgendermaßen: Mund geschlossen halten, die Nase mit zwei Fingern zudrücken und Luft in die Nase pressen, so wie beim Naseschneuzen. Ein erfolgreicher Druckausgleich macht sich durch ein Knackgeräusch in den Ohren bemerkbar. Der Druckausgleich sollte stets gleich zu Beginn des

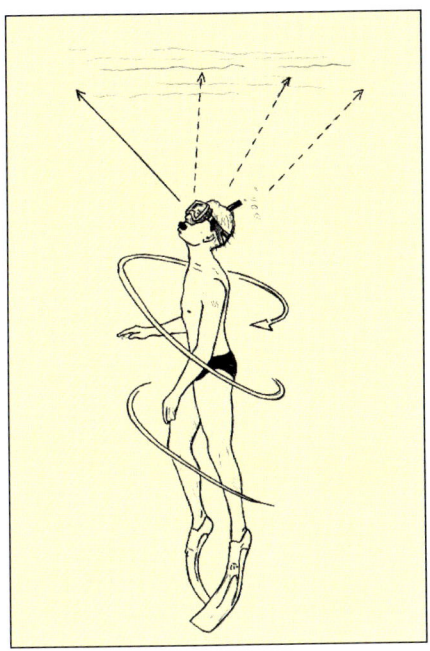

Rundumsicherung beim Auftauchen

geführt werden, hierbei geschieht er automatisch.

Auftauchen

Vorbeifahrende Boote, Surfer, Kanus oder Segler können nicht erkennen, ob gerade ein auftauchender Schnorchler zur Wasseroberfläche hochkommt. Beim Auftauchen ist daher zur eigenen Sicherheit besondere Aufmerksamkeit erforderlich. Mit leichtem Flossenschlag, die Arme eng an den Körper angelegt oder nach oben gerade ausgestreckt, tauchen Sie hoch zur Wasseroberfläche. Der Blick sollte während des Auftauchens nach oben gerichtet sein. Um ganz sicher zu gehen, sollte mindestens eine ganze Drehung um die eigene Körperachse gemacht werden. Dadurch verschaffen Sie sich einen Rundumblick und können sicher sein, daß Sie ungehindert zur Wasseroberfläche auftauchen können.

Abtauchens hergestellt werden. Oft ist es notwendig, besonders wenn tiefer getaucht wird, den Druckausgleich mehrmals hintereinander durchzuführen. Wird mit dem Druckausgleich zu spät begonnen, gelingt er oft nicht, da der Wasserdruck dann bereits zu hoch ist. In diesem Fall sollte einfach wieder aufgetaucht und anschließend mit dem Druckausgleich schon in geringerer Tiefe begonnen werden. Auf keinen Fall sollte man versuchen, den Druckausgleich gewaltsam herbeizuführen, denn dabei besteht die Gefahr eines Trommelfellrisses. Vorsicht ist bei Erkältung und Schnupfen geboten, da die Schleimhäute dann angeschwollen sind und kein Druckausgleich möglich ist. Am besten ist in diesem Fall, aufs Schnorcheln, mindestens jedoch aufs Abtauchen zu verzichten. Beim Auftauchen muß kein Druckausgleich durch-

Auftauchregeln

Tauchen Sie immer so nahe wie möglich an Ihrer Boje auf, da kein Bootsfahrer weiter als 5 m von Ihrer Boje entfernt mit Ihrem Auftauchen rechnet. Gleiches gilt natürlich auch für die Umgebung eines Bootes.
Verlassen Sie sich nie auf Ihr Gehör, da Sie unter Wasser nahezu niemals die Richtung, aus der Geräusche kommen, wahrnehmen können. Zudem ist auch die Entfernungsabschätzung bei Geräuschen kaum möglich. Bewahren Sie sich beim Auftauchen immer den Rundumblick.

Im Grundsatz gelten beim Schnorcheln die gleichen Regeln wie beim ganz normalen Schwimmen. Achten Sie also auch auf Ihr persönliches Wohlbefinden, und kehren Sie um, wenn Sie zu frieren beginnen, Ihnen die schlechte Sicht Angst macht oder die Strömung Ihre Kondition überfordern würde. Schnorcheln sollte für alle Beteiligten ein Urlaubsvergnügen und keinen Urlaubsstreß bedeuten.

Einstieg ins Wasser

Ganz egal, ob der Einstieg ins Wasser vom Strand, über ein Riff oder von einem Boot aus erfolgt, es sollten immer einige Regeln beachtet werden, die der eigenen Sicherheit dienen, den Einstieg erleichtern und die Riffe nicht zerstören.

Einstieg über den Strand

Suchen Sie sich grundsätzlich einen sanft abfallenden Sand- oder Felsstrand mit bequemem Einstieg aus, an dem Sie dann ebenso leicht wieder aussteigen können. Schon mancher ist zwar ohne weiteres von erhöhten Ufern ins Wasser gesprungen, hat aber nicht bedacht, daß die Stelle für einen Ausstieg zu steil war. Nehmen Sie Ihre ABC-Ausrüstung in die Hand, und ziehen Sie, falls vorhanden, ihre Füßlinge vorher an. So vermeiden Sie, auf etwas Unliebsames zu treten. Aus dem gleichen Grund sollten im Wasser zuerst die Flossen angezogen werden, danach erst Maske und Schnorchel. Ein flacher Einstieg ist gerade auch für Beginner sehr geeignet, um sich langsam

Schon der erste Blick unter Wasser zeigt, daß der Einstieg über das Riffdach für Mensch und Riff gleichermaßen problematisch ist.

ans Wasser zu gewöhnen. Beim Gehen im Flachwasser mit Flossen an den Füßen ist es leichter, sich rückwärts zu bewegen. Nur sollte dann gut auf eventuelle Hindernisse achtgegeben werden, um nicht zu stolpern.

Einstieg über ein Riffdach

Hierbei ist die Gefahr, sich mit den Füßen an scharfkantigen Korallen beziehungsweise Gestein zu verletzen oder zu stolpern, besonders hoch. Wählen Sie möglichst wenig bewachsene Bereiche, und treten Sie nur auf totes Gestein, sonst zerstören Sie besonders sensible Riffbereiche. Achtung: Algenbewüchse machen jeden Trittplatz gefährlich rutschig. Sobald das Wasser tief genug ist, ist es besser zu schnorcheln als zu gehen.

Einstieg vom Boot aus

Dabei ist in der Regel ein Sprung ins Wasser erforderlich, es sei denn, das Boot verfügt über eine Einstiegsplattform. Die beiden folgenden Sprünge bieten sich an:

Spreizsprung

Hierbei machen Sie einfach einen großen Schritt vorwärts ins Wasser. Wichtig ist, sich zu vergewissern, daß das Wasser auch genügend Tiefe hat. Sie dürfen nur springen, wenn die Wasseroberfläche frei ist und keine Schwimmer oder andere Schnorchler an der Einsprungstelle sind. Das Wasser sollte so klar sein, daß man tief genug sehen kann, um eventuelle andere Hindernisse wahrzunehmen. Auch aus größerer Höhe ist der Spreizsprung noch möglich. Nun legen Sie Ihre ABC-Ausrüstung an und achten auf einen sicheren Stand, damit Sie nicht durch eine Schlingerbewegung des Bootes umfallen und sich verletzen. Die Maske wird mit einer Hand an das Gesicht gepreßt, da sie beim Eintauchen ins Wasser

sonst leicht heruntergerissen wird. Der andere Arm liegt seitlich am Körper. Nun müssen Sie nur noch einen großen Schritt nach vorne ins Wasser machen. Anschließend sollte man vom Einsprungbereich wegschwimmen, damit kein Nachfolgender auf einen springt.

Rückwärtsrolle

Hierbei muß unmittelbar vorher noch einmal geschaut werden, ob die Wasseroberfläche frei ist. Noch besser ist es, wenn der Partner nachschaut, bevor Sie sich rückwärts ins Wasser rollen. Dieser Sprung ist nur bei geringer Einstiegshöhe möglich, maximal etwa 1 Meter. Setzen Sie sich mit dem Rücken zum Wasser auf die Bordwand, und halten Sie die Maske fest an das Gesicht gepreßt. Dann die Knie kurz in Richtung Brust ziehen und rückwärts fallen lassen. Auch hierbei sollte man sofort danach etwas von der Einstiegsstelle wegschwimmen, für den Fall, daß noch jemand hinterherspringt.

Kälte

In tropischen Gewässern sind die Wassertemperaturen zum Schnorcheln ideal. Die Temperaturen liegen praktisch immer über 20 °C und betragen in vielen Gebieten sogar zwischen 24 °C und 29 °C. Dennoch besteht bei längerem Aufenthalt im Wasser die Gefahr der Unterkühlung. Gegenüber der Luft leitet Wasser die Wärme etwa 25mal schneller. Durch diesen Umstand kühlt man im Wasser viel schneller aus als bei gleichen Temperaturen an Land. Erste Anzeichen für das Auskühlen sind Zittern und die sogenannte „Gänsehaut". Spätestens dann sollten Sie zum Wiederaufwärmen das Wasser verlassen. Ein Tauchanzug oder ein Shorty aus Neopren bietet einen idealen Schutz gegen Auskühlung.

Sonnenbrand

Ein Sonnenbrand hat schon manche Urlaubsfreude erheblich beeinträchtigt. Beim Schnorcheln wird die Intensität der Sonne kaum wahrgenommen, da man ständig vom Wasser gekühlt wird. Die Gefahr des Sonnenbrandes, besonders an Rücken und Schultern, ist daher sehr groß. Der beste Schutz gegen einen Sonnenbrand ist, die Haut zu bedecken. Ein Naßtauchanzug oder ein dünner Kunstfaseroveral (stinger suit), der den ganzen Körper verhüllt, wäre am geeignetsten. Nun wird sich nicht jeder einen Anzug zulegen wollen, zumal es im ausreichend warmen Wasser ohne Anzug bequemer ist. Zumindest aber sollten Schultern und Oberarme geschützt sein, da diese der Sonne in besonderem Maße ausgesetzt sind. Ein einfaches T-Shirt tut hierbei schon sehr gute Dienste. Auf die Verwendung von wasserfestem Sonnenschutzmittel mit hohem Lichtschutzfaktor sollte auf jeden Fall Wert gelegt werden. Den größten Schutz vor den gefährlichen UV-Strahlen bieten Sunblocker. Männer, die nur noch wenig Haare auf dem Kopf tragen, sollten zum Schutz gegen Sonnenbrand eine Kopfbedeckung tragen.

Strömung

Schon gegen schwache Strömungen anzuschwimmen ist äußerst schwierig und gegen etwas stärkere unmöglich – selbst mit Flossen. Daher können Strömungen ebenso wie für Schwimmer auch für Schnorchler gefährlich werden. Strömungen sind nicht unbedingt immer gleich erkennbar. So können Strömungen nur an manchen Stellen auftreten oder stellenweise unterschiedlich stark sein. Sie können auch sehr rasch die Richtung wechseln. Erkundigen Sie sich vor dem Schnorcheln, ob im betreffenden Gebiet mit Strömung gerechnet werden muß. Wenn Sie von einem Boot aus schnorcheln, fragen Sie am besten den Bootsführer. Die Gefahr, durch Strömung abgetrieben zu werden, darf nicht unterschätzt werden. Selbst ein trainierter Mensch wird schnell an seine Grenzen gelangen und entkräftet sein, wenn er gegen eine Strömung zurückschwimmen muß. Machen Sie daher sofort kehrt, wenn Sie bemerken, daß Sie in eine Strömung geraten sind. Entfernen Sie sich grundsätzlich nur so weit vom Ufer oder vom Boot, wie Sie einschätzen können, auch mühelos wieder zurückzukommen. Geraten Sie in eine Strömung, ist es in der Regel am besten, unmittelbar am Riff zu bleiben. Dort ist die Strömung oftmals weniger stark als im offenen Wasser. Sollten Sie von einer Strömung abgetrieben werden, bewahren Sie Ruhe, bleiben Sie mit Ihrem Partner zusammen und versuchen Sie, quer zur Strömungsrichtung das Ufer zu erreichen.

Brandung

Auch die Kraft selbst einer leichten Brandung darf nicht unterschätzt werden. Schon relativ kleine Brandungswellen können einen umwerfen. Ebenso kann der Sog des zurückfließenden Wassers einem buchstäblich den Boden unter den Füßen wegziehen. Am Sandstrand ist die Gefahr, sich beim Hinfallen zu verletzen, noch relativ gering. An Felsstränden oder auf Riffdächern kann man sich dagegen böse Schnittverletzungen, Prellungen und Schürfwunden zuziehen. Besonders unangenehm ist, daß selbst kleine Hautwunden bei regelmäßigem Kontakt mit Salzwasser nur schlecht verheilen.

Auch der Einstieg über das Riffdach kann durch Brandung gefährlich sein. Schnittwunden durch scharfkantige Korallen sind recht schmerzhaft.

Nutzen Sie ausgewiesene Einstiegsstellen, die meist die günstigsten Möglichkeiten darstellen, sicher ins Wasser zu gelangen.

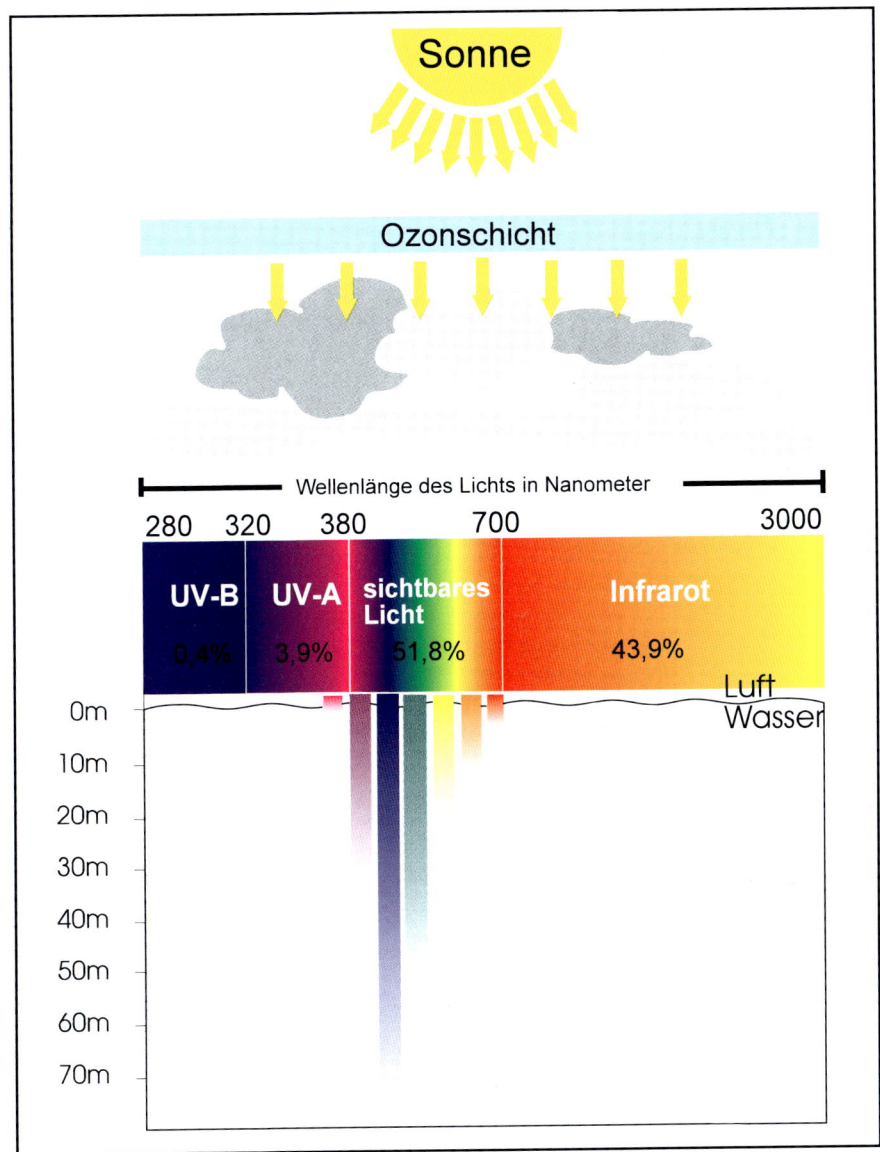

Grobverteilung der Sonneneinstrahlung

Bootsverkehr

Nicht nur Motorboote, auch Surfer, Segelboote, Kanus und sogar Tretboote stellen eine Gefährdung für Schnorchler dar. Insbesondere Verletzungen durch Bootspropeller sind sehr gefährlich und können tödlich sein. Ein Schnorchler sollte zu seiner eigenen Sicherheit darauf bedacht sein, daß er beim Schwimmen an der Wasseroberfläche gut erkennbar ist. Motorboote sind einfach an ihrem Motorenlärm zu hören. Anders ist es mit den übrigen Wasserfahrzeugen. Diese sind nicht zu hören und können ebenfalls leicht zu einer Gefahr werden. Bootsführer achten oftmals nicht darauf, was oder wer sich an der Wasseroberfläche befindet. Und selbst wenn, ein Schnorchler oder Schwimmer wird leicht übersehen. Dies gilt um so mehr, wenn ein Schnorchler untergetaucht war und gerade wieder auftaucht. Rechnen Sie grundsätzlich nicht damit, daß Sie von einem annähernden Boot aus bemerkt werden. Machen Sie im Zweifelsfall auf sich aufmerksam. Schnorcheln innerhalb von Schiffahrtslinien ist vielerorts verboten und sollte zum Eigenschutz auf alle Fälle vermieden werden.

Von einigen Schnorchlern wird eine aufblasbare Schnorchel- oder Taucherboje, die an einem kurzen Seil befestigt wird, mitgeführt, damit sie an der Wasseroberfläche besser zu erkennen sind. Die Bojen haben eine orange oder rote Signalfarbe und oftmals noch zusätzlich eine kleine Fahne oben drauf. Besser sichtbar ist man auch mit einer Schnorchelausrüstung, die sich farblich deutlich von der Wasserfarbe abhebt. Flossen oder Tauchanzüge in auffallenden Signalfarben wie z. B. Pink, Rot, Orange, Gelb oder leuchtende Neonfarben sind ein Sicherheitsaspekt für Schnorchler.

Blackout

Ein Blackout ist eine Ohnmacht bzw. eine plötzliche Bewußtlosigkeit. Unter Wasser ist dies so gefährlich, da Tod durch Ertrinken drohen kann. Wie kann es nun unter Wasser überhaupt zu einer Ohnmacht kommen? Sehr sportlich orientierte Schnorchler haben manchmal einen überhöhten Leistungsgedanken und wollen lange die Luft anhalten können, um große Strecken unter Wasser zurückzulegen oder um besonders tief zu tauchen. Das Tauchen ohne Preßluftflaschen, nur mit angehaltener Luft, wird auch Apnoetauchen genannt.

Schwimmbad-Blackout

Ein verbreiteter Irrglaube ist, daß man durch schnelles tiefes Ein- und Ausatmen den Sauerstoffgehalt im Blut erhöht und dadurch länger die Luft anhalten kann. Dieses schnelle, hechelnde Ein- und Ausatmen wird Hyperventilieren genannt. Es ist ein Überatmen ohne Bedarf. Es gelangt jedoch nicht mehr Sauerstoff ins Blut, es wird lediglich vermehrt Kohlendioxid abgeatmet. Die Konzentration des Kohlendioxids im Blut ist jedoch der Auslöser für den Atemreiz. Durch das vermehrte Abatmen des Kohlendioxids wird daher der Atemreiz hinausgeschoben. Dies ist sehr gefährlich, da während des Atemanhaltens natürlich Sauerstoff verbraucht wird. Durch Hyperventilieren kann es daher dazu kommen, daß der Atemreiz erst wieder einsetzt, wenn der Sauerstoffgehalt längst schon kritische Werte erreicht hat. So kann es ohne Vorwarnung, d. h. ohne Atemnot, zu einer Bewußtlosigkeit kommen. Falls der Betroffene nicht sofort aus dem Wasser geborgen wird, droht er zu ertrinken.

Tieftauch-Blackout

Auch beim Tieftauchen unter Luftanhalten kann es zu einer plötzlichen Bewußtlosigkeit kommen. Dies geschieht jedoch meist nicht in der Tiefe selbst, sondern typischerweise beim Auftauchen kurz unterhalb der Wasseroberfläche, wenn ein Großteil des Sauerstoffvorrats aufgebraucht ist.

Extremes Tief- und Streckentauchen sind Extremsportarten und haben nichts mit dem Naturerlebnis Schnorcheln gemein. Als Ungeübter sollte man sich nicht zu Rekordversuchen hinreißen lassen.

Barotraumen

Das Wort Barotrauma kommt aus dem Lateinischen und bedeutet Druckverletzung. Zu einer solchen kann es kommen, wenn bei Druckunterschieden kein Druckausgleich geschaffen wird. Unter Wasser herrscht ein höherer Druck als an Land. Auf Meereshöhe haben wir einen Luftdruck von etwa 1 bar, in 10 Meter Wassertiefe herrscht dagegen ein Umgebungsdruck von 2 bar (1 bar Luftdruck plus 10 bar Wasserdruck von der 10 m hohen Wassersäule). Der Umgebungsdruck verdoppelt sich also beim Abtauchen von der Oberfläche bis auf 10 Meter Tiefe. Nach einem physikalischen Gesetz verringert sich das Volumen einer abgeschlossenen Gasmenge bei steigendem Außendruck. Umgekehrt dehnt sich die Luft aus, wenn sich der Umgebungsdruck verringert. Nun gibt es in unserem Körper verschiedene luftgefüllte Hohlräume, die beim Auf- und Abtauchen durch diese Gesetzmäßigkeit beeinflußt werden. Als wichtigste sind beim Schnorcheln die Lunge, das Ohr mitsamt den Nasennebenhöhlen und der Stirnhöhle sowie der luftgefüllte Raum zwischen Gesicht und Tauchermaske zu nennen.

Ohrenprobleme

Wie bereits erläutert wurde, kann es zum Trommelfellriß kommen, wenn beim Abtauchen kein Druckausgleich durchgeführt wird. Als Folge eines Trommelfellrisses dringt Wasser ins Mittelohr hinein. Dies kann zu Störungen der Orientierung und des Gleichgewichtssinnes führen, was jedoch eher im kalten Wasser auftritt. Ein Trommelfellriß sollte auf jeden Fall ärztlich behandelt werden.

Auch die beim Abtauchen auftretenden Schmerzen in der Stirnhöhle oder den Nasennebenhöhlen sind auf eine mangelnde Belüftung dieser Hohlräume zurückzuführen. Ursache ist meist ein Schnupfen oder eine Erkältung.

Ohrenstöpsel, die verhindern sollen, daß Wasser in den äußeren Gehörgang eindringt, können beim Tauchen zu Verletzungen führen. Zwischen Ohrenstöpsel und Trommelfell kann Unterdruck entstehen, der das Trommelfell nach außen in Richtung Ohrenstöpsel dehnt. Die Dehnung des Trommelfells ist jedoch nur eingeschränkt möglich, so daß es einreißen kann.

Lungenprobleme

Ein Barotrauma der Lunge könnte ein Schnorchler erleiden, wenn er in sehr große Tiefen abtaucht. Je größer die Wassertiefe, um so größer ist die Druckzunahme, wodurch sich das Volumen der Lunge entsprechend verringert. Die Lunge kann ohne Probleme bis zu einem gewissen Grade zusammengedrückt werden. Irgendwann ist jedoch eine Grenze des Apnoetauchens erreicht, unterhalb derer es zu einer Schädigung kommen kann. Diese Tiefengrenze ist individuell unterschiedlich, wobei Mediziner eine

Tauchtiefe von etwa 20 bis 30 Metern für Erwachsene mit einem durchschnittlichen Lungenvolumen als unbedenklich ansehen. Für normale Abtauchtiefen beim Schnorcheln, die oft im 5-Meter-Bereich liegen und 10–15 Meter kaum überschreiten dürften, spielt diese mögliche Gefahr daher praktisch keine Rolle. Ein anderes Barotrauma der Lunge kann durch einen zu langen Schnorchel entstehen. Würde man beispielsweise versuchen, mit einem ausreichend langen Schnorchel in nur 1 Meter Tiefe zu atmen, wären schwere innere Verletzungen die Folge. Die Lunge ist ja über den Schnorchel mit der Wasseroberfläche in Verbindung. Innen in der Lunge haben wir beim Schnorcheln daher stets den gleichen Druck, wie er an der Oberfläche herrscht. Von außen lastet jedoch der Umgebungsdruck des Wasser auf dem Brustkorb. Diese Druckdifferenz darf nicht zu hoch sein, sonst kommt es zu Schädigungen. Ein Meter Tiefe wäre schon viel zu viel. Zur Sicherheit ist die Schnorchellänge daher auf 35 cm begrenzt.

Maskenraum

Wird beim Abtauchen keine Luft in den Maskenraum gegeben, können durch den entstehenden Unterdruck in der Maske beim Abtauchen im Auge feine Äderchen platzen, das Auge wird blutunterlaufen. Beim Abtauchen sollte man daher rechtzeitig etwas Luft in die Maske ausatmen und so den Druckausgleich herstellen, damit sie nicht wie ein Saugnapf am Gesicht klebt.

Bei Husten, Schnupfen, Erkältungskrankheiten oder Ohrenschmerzen sollten Sie auf jeden Fall auf das Schnorcheln verzichten.

Giftige und gefährliche Meerestiere

Gefahr durch Tiere beim Schnorcheln, Schwimmen oder Tauchen wird fast immer gleichgesetzt mit Haien. Doch nur ein kleiner Teil aller Haiarten ist tatsächlich für den Menschen gefährlich, und die Bedrohung, die von diesen Arten ausgeht, wird zudem meist extrem übertrieben dargestellt. Dennoch sollte man Haien grundsätzlich mit Respekt und Vorsicht begegnen. Eine Sichtung ist erst mal noch kein Grund zur Panik. Sollten Sie das Gefühl haben, die Situation sei gefährlich, treten Sie mit ruhigen Bewegungen den Rückzug an, und verlassen Sie das Wasser. Keinesfalls sollte man hektisch werden, da dies Haie eher anlockt.

Eine andere, weit weniger bekannte und im Gegensatz zu den Haien eher unterschätzte Gefahr stellen verschiedene giftige Meerestiere dar. Auf diese soll daher im folgenden Abschnitt eingegangen werden.

Nicht anfassen: Gifttiere

In Korallenriffen leben verschiedene Gifttiere, die jedem Schnorchler bekannt sein sollten, da sie unangenehme bis lebensbedrohliche Vergiftungen bewirken können. Grundsätzlich gilt jedoch, daß diese Tiere den Menschen nicht von sich aus angreifen. Unbeabsichtigtes Anfassen, Provozieren oder auch leichtsinniges Spielen mit diesen Tieren, oft verbunden mit völliger Unkenntnis um deren Giftigkeit, sind daher die Hauptursachen für Vergiftungen. Im Fall der hübschen Kegelschnecken kommt auch das Sammeln der harmlos aussehenden, oft aber hochgiftigen Tiere hinzu.

Gefahr erkannt, Gefahr gebannt – dieses Motto gilt daher in besonderem Maße für Vergiftungen durch Meerestiere. Kenntnis der giftigen Riffbewohner und entsprechend respektvoller Umgang mit diesen sind der beste Schutz. Die wichtigsten Gruppen werden hier mit kurzen „Steckbriefen" vorgestellt. Sofern sie nicht erkennbar trivialer Natur sind, wie etwa kleinflächige Verletzungen an Feuerkorallen, ist eine Vergiftung sehr ernst zu nehmen und unbedingt ein Arzt aufzusuchen. Dies gilt ausnahmslos für alle Vergiftungen durch gefährliche Gifttiere.

Hydrozoen-Kolonie

Feuerkorallen

Für Schnorchler von besonderer Bedeutung sind diese wie Korallen aussehenden, aber zu den Hydrozoen gehörenden Kolonien. Sie kommen sehr regelmäßig und bereits ab dem Flachwasser vor und bilden vor allem im Bereich der oberen Riffkante oftmals ausgedehnte Bestände. Kontakte mit Feuerkorallen zählen deshalb zu den häufigsten Nesselvergiftungen. Bei Berührung verursachen sie augenblicklich einen Schmerz, der ähnlich dem von Brennnesseln ist. Während der Schmerz schnell wieder abklingt, bleiben die kurz darauf einsetzenden Hautreaktionen wie Schwellung, Quaddelbildung und besonders Rötung sowie Juckreiz bis zu einigen Wochen bestehen. Bester Schutz ist ausreichender Abstand zum Bewuchs.

Netz-Feuerkoralle (Millepora dichotoma)

Quallen

Die wohl bekanntesten Gifttiere sind Quallen. Im freien Wasser treibend, können sie einzeln, bestimmte Arten aber auch in riesigen Schwärmen auftreten. An Korallenriffen sind Quallen in der

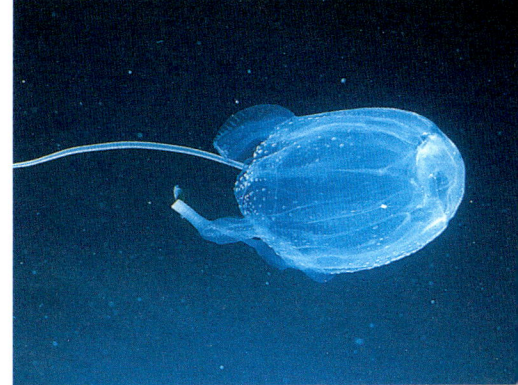

Die sehr gefährliche, als Seewespe bezeichnete Würfelqualle (Chironex spec.)

39

*Eine lebende Kegelschnecke
(Conus striatus) durchstreift das Riff.*

Verschiedene Kegelschnecken-Arten

Giftiger Radulazahn der Kegelschnecke

Regel glücklicherweise ausgesprochen selten. Da harmlose von stark nesselnden Arten für Laien oft nur schwer unterscheidbar sind, sollte um Quallen generell ein Bogen gemacht werden. Einige Vertreter können sehr unangenehme, insbesondere Würfelquallen lebensbedrohliche Vergiftungen verursachen. Letztere machen vor allem verschiedene australische Strände zeitweise unbenutzbar. Einen wirkungsvollen Schutz stellen sogenannte stinger suits, dünne Kunststoffoveralls, dar. Unbedeckte Körperteile wie Hände oder Gesicht bleiben jedoch auch hiermit gefährdet. Generell sollte bei Anhäufungen nesselnder Quallen im Wasser auf Baden oder Schnorcheln verzichtet werden.

Kegelschnecken

Ihrer attraktiven Gehäuse wegen sind Kegelschnecken beliebte Sammelobjekte. Etwa 500 Arten sind bekannt, die meisten davon aus den Korallenriffen des Indopazifiks. Gebietsweise sind sie relativ häufig. Sie sind zwar überwiegend nachtaktiv und tagsüber oft versteckt oder eingegraben im Sand, können aber auch am Tage nicht selten entdeckt werden. Alle verfügen über einen raffinierten Giftapparat. Im Körperinneren werden kleine, harpunenartige Pfeile gebildet und aufbewahrt. Jeweils ein Pfeil wird bis zur Spitze des rüsselförmigen Schlundrohres transportiert und auf diesem Weg mit Gift beladen. An der Rüsselspitze liegt er bereit und dient dem Harpunieren von Beutetieren, welche oft in Sekundenschnelle gelähmt werden. Bei Bedarf rückt ein neuer Giftpfeil nach.

Nicht alle, aber doch eine ganze Reihe von Kegelschnecken besitzt ein für Menschen sehr gefährliches Gift. Einige Arten sind besonders giftig und für Todesfälle verantwortlich. Gerade auch bei

40

vermeintlich leeren Gehäusen ist Vorsicht geboten: Die Tiere können sich sehr weit in ihr Gehäuse zurückziehen, daß es oft für leer gehalten und arglos eingesteckt wird. Bald darauf kriecht die Schnecke jedoch wieder hervor und kann zustechen. Auf diese Weise ist es schon häufiger zu fatalen Unfällen gekommen. Da es nicht leicht ist, einzelne Arten sicher zu identifizieren, sollten Kegelschnecken generell nicht angefaßt oder gar eingesteckt und gesammelt werden.

Blauring-Oktopus

Es gibt zwei als Blauring-Oktopus bezeichnete Krakenarten, die über ein sehr wirksames, für den Menschen lebensgefährliches Gift verfügen, welches über einen Biß in die Wunde gelangt. Das Hauptverbreitungsgebiet dieser Kraken liegt, ohne daß die genauen Grenzen bekannt sind, im Bereich von Australien, Papua Neuguinea, Philippinen und Indonesien. Es handelt sich um relativ kleine Kraken, die nur etwa 10 bzw. 20 cm Größe erreichen. Ihr Biß ist jedoch stark giftig und hat auch schon Todesfälle zur Folge gehabt. Vor allem bei Erregung treten auf der Haut dieser Kraken kleine blaue Ringe und Punkte hervor, die sonst kaum sichtbar sind. Jegliches Spielen und Anfassen mit diesen Tieren sollte unterlassen werden, da diese unvermittelt zubeißen können, was nicht einmal bemerkt werden muß.

Dornenkronen-Seestern

Als einzige Ausnahme unter den Seesternen verfügt die Dornenkrone über lange, kräftige und giftige Stachel. Die ganze Oberfläche dieser mit bis etwa 60 cm Durchmesser sehr großen Seesterne ist ein einziger Stachelwald. Die Stacheln sind bis zu 5 cm lang und von einem dünnen, giftführenden Gewebe umhüllt. Ver-

Dornenkronen-Seestern (Acanthaster planci)

Die giftigen Stachel der Dornenkrone

Diadem-Seeigel (Diadema setosum)

41

*Giftzangen-Seeigel
(Toxopneustes pileolus)*

Lederseeigel (Asthenosoma varium)

*Leoparden-Stechrochen
(Himantura uarnak)*

letzt man sich an den Stacheln, dringt das Gift in die Wunde ein; oft brechen auch kleine Stücke ab und bleiben in der Wunde stecken. Vergiftungen durch die Stacheln verursachen starke Schmerzen, die jedoch bald wieder abklingen. Da eventuell in der Wunde steckengebliebene Stachelreste Gewebswucherungen auslösen können, sollte ein Arzt aufgesucht werden, um diese zu entfernen.

Seeigel

Allgemein bekannt und gefürchtet sind Seeigel wegen ihrer Stacheln, die leicht in die menschliche Haut eindringen können, abbrechen und nur schwer wieder zu entfernen sind. Die Stacheln vieler Arten durchdringen selbst dickere Kleidung wie Tauch- oder Surfanzüge aus Neopren. Grund genug, keine nährere Bekanntschaft mit spitzstacheligen Seeigeln zu machen. Einige wenige Arten besitzen zwar kurze, dafür aber giftige Stacheln bzw. giftige Greifzangen. Aufgrund der kurzen Stacheln erscheinen diese Arten harmlos, verursachen bei Berührung jedoch brennende, teils äußerst starke Schmerzen. Die Schmerzen gehen innerhalb weniger Stunden wieder zurück, insbesondere beim Giftzangen-Seeigel können jedoch Lähmungserscheinungen vor allem der Gesichtsmuskulatur auftreten.

Stechrochen

Mitglieder dieser Rochengruppe tragen in der Regel ein oder mehrere giftige Stacheln auf der Oberseite des Schwanzes. In Ruhe liegt der Stachel auf dem Schwanz flach auf. Fühlt sich der Rochen jedoch bedroht, spreizt er den Stachel ab und kann mit dem Schwanz peitschenartige Schläge vollführen. Einige Stechrochen können schon im Flachwasser vorkommen und sich fast gänzlich im Sand eingraben, so daß sie kaum zu entdecken sind. Typischerweise kommt es zu Unfällen beim Waten im seichten Wasser, wenn Badende auf einen Rochen treten. Auch Schnorchler oder Taucher sind gefährdet, wenn sie einem Stechrochen zu nah kommen oder ihn bedrängen und das Tier bei der Flucht mit dem Schwanz um sich schlägt. Die Stacheln können üble, schmerzhafte Wunden reißen. Je nachdem, welche Körperstellen betroffen sind, können solche Verletzungen sehr ernsthaft sein. Man sollte Stechrochen daher nicht zu nahe kommen und keinesfalls versuchen, sie anzufassen.

Rochenstachel mit Widerhaken

Skorpionsfische

Diese Fischfamilie umfaßt als bekannteste Vertreter Feuerfische, Drachenköpfe und Steinfische. Alle drei sind in Korallenriffen des Indopazifiks verbreitet. Vor allem Rotfeuerfische und Drachenköpfe sind sehr regelmäßig zu beobachten. Feuerfische sind mit ihren langen Flossenstrahlen und der meist rötlich-weißen Färbung auffällige Gestalten. Oft ruhen sie tagsüber an geschützten Stellen, können aber auch dicht über den Korallen umherstreifen, wobei sie stets ausgesprochen ruhig und majestätisch dahingleiten. Drachenköpfe sind dagegen gut getarnt und Steinfische sicherlich die absoluten Meister der Tarnung. Vertreter dieser beiden Gruppen liegen stets dem Grund auf und schwimmen lediglich für gelegentliche Ortswechsel ein sehr kurzes Stück durchs Wasser. Steinfische können nicht selten tagelang an einer Stelle verharren. Gemeinsam ist den drei Gruppen, daß sie in Rücken-, Bauch- und Afterflosse giftführende Flossenstachel besitzen. Bei Steinfischen ist der Giftapparat stark ausgeprägt und das Gift sehr gefährlich, so daß Vergiftungen durch diese Tiere tödlich ausgehen kön-

Blaupunkt-Stechrochen (Taeniura lymna)

Bärtiger Drachenkopf (Scorpaenopsis oxycephalus)

Rotfeuerfisch (Pterois volitans)

Steinfisch (Synanceia verruscosa)

nen. Vergiftungen durch Feuerfische und Drachenköpfe sind dagegen weniger gefährlich. Der beste Schutz ist, aufmerksam hinzuschauen, bevor man irgendwo hinfaßt oder auf etwas tritt.

Korallenwelse

Diese harmlos aussehenden Fische bilden als Jungtiere mehr oder weniger kompakte Ansammlungen und bewegen sich wie eine Wolke dicht über den Grund. Die Tiere haben giftige Stacheln an den Kiemendeckeln und in der Rückenflosse. Man sollte daher vermeiden, in solch einen Schwarm hineinzufassen oder durchzuschwimmen. Vergiftungen sind schmerzhaft, jedoch nicht lebensbedrohlich und ausgesprochen selten.

Seeschlangen

Prinzipiell sind Seeschlangen sehr gefährlich, da das Gift eines einzigen Bisses vollkommen ausreichen kann, einen Menschen zu töten oder zumindest äußerst ernsthafte Vergiftungen hervorzurufen. Glücklicherweise betrachten Seeschlangen den Menschen nicht als Beute und verhalten sich ihm gegenüber natürlicherweise auch nicht aggressiv. Werden die Schlangen jedoch aus dem Wasser geholt, beißen sie um sich. So sind von Vergiftungen am meisten Fischer betroffen, die gezielt Schlangen fangen oder unbeabsichtigt als Beifang in den Netzen haben. Schnorchlern oder Tauchern gegenüber verhalten sich die Tiere meist gleichgültig, d. h. sie ignorieren den Menschen. Es kann jedoch gelegentlich vorkommen, daß sie neugierig heranschwimmen. Dann sollten hektische Bewegungen oder das Anfassen der Tiere unterlassen werden. Seeschlangen gegenüber ist grundsätzlich Vorsicht und Respekt geboten. Unzählige Begegnungen ohne jeden Zwischenfall von Tau-

chern oder Schnorchlern mit Seeschlangen zeigen andererseits, daß die Sichtung
einer Seeschlange kein Grund zur Panik
ist.

Bild rechts:
Korallenwelse (Plotosus lineatus)
Bild unten: Seeschlange

Fitneß und Schnorcheln

Schnorchelfit

Das Schöne am Schnorcheln ist, daß es von fast jedem ausgeübt werden kann. Besondere Sportlichkeit oder Training sind nicht notwendig. Eine gewisse körperliche Fitneß kann beim Schnorcheln dennoch nicht schaden. Denken Sie daran, daß unvorhergesehene Situationen immer besser zu meistern sind, wenn man etwas trainiert ist. Gerät man in eine leichte Strömung oder Wellengang, entfernt man sich mal zu weit vom Boot oder vom Einstieg, ist es gut, beim Rückweg, der länger dauert als geplant, nicht gleich außer Atem zu geraten. Vielleicht ist ein Schwimm- oder Tauchsportverein in Ihrer Nähe, bei dem man einmal wöchentlich trainieren kann. Besteht die Möglichkeit, sollte man ein oder zwei Wochen vor dem Urlaub das Flossentraining machen, um die Beine an die besondere Bewegung zu gewöhnen. Aber auch andere Sportarten wie beispielsweise Schwimmen oder Laufen fördern die allgemeine Kondition. Ausreichende Belastbarkeit steigert die eigene Sicherheit und beugt so Angst und Panik vor. Überanstrengung, Erschöpfung und Krämpfe sind oftmals Folgen mangelnder Kondition.

Die Unterwasserwelt

Beschränkt man sich auf die tropischen Bereiche des mit ca. 75 Millionen Quadratkilometern kleinsten, des Indischen Ozeans, und des mit über 180 Millionen Quadratkilometern größten, des Pazifischen Ozeans, so umfaßt das zu betrachtende Gebiet mehr als ein Drittel der gesamten Meeresoberfläche der Weltmeere. Wir wollen deshalb vor allem die wichtigsten biologischen Gemeinsamkeiten herausstellen, denen Sie bei allen Schnorchelausflügen in diesen faszinierenden Unterwasserwelten begegnen werden und die Ihnen helfen, die regionalen Besonderheiten zu entdecken und zu beobachten.

Schnitt durch ein Außenriff

1	Korallenbarsch
2	Doktorfisch
3	Blenniide
4, 5	Blenniide und Grundeln
6	Butt
7, 8	Korallenbarsch
9	Meerbarbe
10	Anemonenfisch
11	Kardinalfisch
12	Korallenbarsch
13	Blenniide
14	Meeräsche
15, 16	Doktorfisch
17	Riffbarsch
18	Soldatenfisch
19	Muräne
20	Drückerfisch
21	Lippfisch
22	Barakuda
23	Hornhecht
24	Halbschnabelhecht
25	Teufelsrochen
26	Lippfisch
27	Putzerlippfisch
28	Doktorfisch

29	Riffbarsch	38	Fahnenbarsch
30, 31	Falterfisch	39	Kofferfisch
32	Kaiserfisch	40	Zackenbarsch
33	Drückerfisch	41	Wimpelfisch
34	Falterfisch	42	Doktorfisch
35	Papageifisch	43	Kugelfisch
36	Drückerfisch	44	Doktorfisch
37	Ährenfisch	45	Füsilier

46	Halfterfisch	54,55	Riffhai
47	Stachelmakrele	56	Zackenbarsch
48	Skorpionsfisch	57	Ammenhai
49	Schnapper	58	Stachelrochen
50	Rotfeuerfisch	59	Kieferfisch
51	Kardinalfisch	60	Riffbarsch
52	Soldatenfisch	61	Partnergrundel
53	Meerbrasse	62	Röhrenaal

Fische: die große Vielfalt

Mit ihrer Vielfalt an Formen, Farben, Mustern und Größen erfüllen die Fische jedes Korallenriff mit pulsierendem Leben. Allein schon ihre hohe Artenzahl in Korallenriffen ist einzigartig und beeindruckend. Kein anderer Lebensraum im Meer weist eine größere Vielfalt an Fischen auf. Von nur wenige Zentimeter messenden Winzlingen bis zu meterlangen, kapitalen Exemplaren – hier sind alle Größen vertreten. Viele sind auffallend bunt, mit Regenbogenfarben oder poppigen Mustern, andere dagegen werden aufgrund ihrer Tarntrachten leicht übersehen. Sie leben als Einzelgänger, in Paaren oder in Schwärmen. Neben munteren, unermüdlichen Schwimmern gibt es Arten, welche die meiste Zeit reglos auf einer Stelle verharren.

Zahlreiche Fischarten eines Korallenriffs lassen sich beim Schnorcheln leicht beobachten. Wer sich dabei etwas Zeit nimmt, erkennt schnell die bevorzugten Standorte vieler Arten und kann einiges über ihr Verhalten erfahren. Die folgenden Kurzporträts einiger besonders auffälliger Gruppen geben einen Einblick in die interessanten Lebensweisen der Fische eines Korallenriffs.

Weiße Muräne (Siderea grisea)

Geistermuräne (Rhinomuraena quaesita)

*Klunzingers Lippfisch
(Thalassoma klunzingeri)*

Muränen

Sie haben einen schlangenförmigen, muskulösen Körper, ihre schuppenlose Haut ist sehr dick und von einer kräftigen Schleimschicht umgeben. Mit diesem Äußeren und diversen Schauermärchen genießen Muränen gemeinhin einen schlechten Ruf. Dieser ist jedoch völlig ungerechtfertigt. Zu Bißverletzungen kommt es praktisch nur, wenn Muränen harpuniert, gefangen oder bedrängt werden. Fütterungen, die mancherorts als Touristenattraktion durchgeführt werden, können dazu führen, daß Muränen ihr natürliches, eher scheues Verhalten ablegen und mitunter sogar aufdringlich werden. Das beständige Öffnen und Schließen des Mauls ist im übrigen keine Drohgebärde, sondern dient der Atmung. Durch die Maulbewegungen pumpen sie sauerstoffreiches Atemwasser durch den langen, engen Kiemengang, der in einer kleinen, hinten am Kopf gelegenen Öffnung mündet.

Ihren Wohnplatz haben Muränen in den Löchern und Spalten eines Riffs. Zurückgezogen verbringen sie hier den Tag, wobei meist nur Kopf oder Vorderkörper aus der Wohnhöhle herausschauen. Muränen sind überwiegend nachtaktive Räuber. Vertrauend auf ihren feinen Geruchssinn, durchstreifen sie in der Dunkelheit das Riff auf der Suche nach Beute. Zu dieser gehören, je nach Muränenart, vor allem Fische oder Krebstiere sowie Kraken.

Lippfische

Innerhalb dieser artenreichen Familie treten große Unterschiede in Form und Größe auf. Das Spektrum reicht von lediglich wenige Zentimeter langen Arten bis zum über 2 m erreichenden Napoleon-Lippfisch, der zu den größten Fischen am Riff zählt. Lippfische schwimmen normalerweise mit den Brustflossen; nur für hohe Geschwindigkeiten, wie bei der Flucht, wird die Schwanzflosse eingesetzt.

Bei Lippfischen ist eine Geschlechtsumwandlung weit verbreitet. Es gibt Individuen, die als Männchen geboren wurden und es auch bleiben; andere werden dagegen als Weibchen geboren und können sich im Laufe ihrer Entwicklung zum Männchen umwandeln. Zwischen den Geschlechtern und Altersstufen gibt es oftmals deutliche Unterschiede in der Körperfärbung.

Lippfische sind ausschließlich tagaktiv. Die meisten kleineren Arten graben sich zur Nachtruhe in den Sand ein. Einige ernähren sich von bodenlebenden Wirbellosen, darunter auch hartschalige wie Muscheln, Krebse oder Seeigel. Bei anderen Arten stehen Planktontiere oder Korallenpolypen auf dem Speisezettel. Es gibt auch Spezialisten, die sich als Putzerfische betätigen und Parasiten von der Körperoberfläche anderer Fische abpicken.

Napoleon-Lippfisch (Cheilinus undulatus)

Papageienfische

Ihren Namen verdienen Papageienfische gleichermaßen wegen ihres Farbkleides und ihres schnabelähnlichen Gebisses. Mit den zu Platten verschmolzenen Zähnen kratzen die tagaktiven Tiere Algenbewuchs von totem Korallengestein oder Felsen, nagen aber auch an lebenden Korallen. Ihre Kratzspuren kann man vielfach sehen, und oft ist auch das Knirschen und Kratzen ihrer Freßtätigkeit zu hören. Sie besitzen ein zweites Gebiß im Schlund, in welchem das aufgenommene Gemisch aus Algen und Kalkgestein durch Mahlzähne wie in einer Mühle zerkleinert wird. Zu feinem Korallensand zermahlen, wird der Kalk später wieder ausgeschieden. Dadurch sind Papageien-

Rotmeer-Buckelkopf (Scarus gibbus)

Schuppenkleid eines Papageienfisches

53

*Gelber Pinzettfisch
(Forcipiger flavissimus)*

*Rippen-Falterfisch
(Chaetodon trifasciatus)*

Kleins Falterfisch (Chaetodon kleinii)

fische wichtige Produzenten von Korallensand. Wie bei den nah verwandten Lippfischen treten auch bei den Papageienfischen im Verlaufe des Lebens Geschlechtswechsel vom Weibchen zum Männchen sowie alters- und geschlechtsabhängige Farbmuster auf.

Die Nacht verbringen sie eingezwängt in Spalten oder unter Vorsprüngen, wobei sich einige Arten in einen selbstgemachten Schleimkokon einhüllen. Der Schleim wird von speziellen Drüsen in der Kiemenhöhle erzeugt und durch Ausdrücken von Atemwasser zu einer den ganzen Körper umgebenden Hülle geformt. Sie soll vor geruchsorientierten, nachtaktiven Räubern wie Muränen schützen.

Falterfische

Bekannt und als Fotomotiv beliebt sind Falterfische vor allem ihrer prächtigen Färbung wegen. Mit gewöhnlich zwölf bis 20 Zentimeter Körperlänge sind sie relativ kleine Riffbewohner. Anhand ihrer charakteristischen Farbmuster lassen sich die einzelnen Arten leicht unterscheiden. Falterfische sind seitlich extrem abgeflacht und im Profil rundlich-scheibenförmig. Ein ihnen gemeinsames Merkmal ist auch das kleine, spitze Maul mit bürstenartigen Zähnchen. Weltweit sind etwa 120 Falterfischarten bekannt. Sie sind fast durchweg Bewohner tropischer Korallenriffe. Einige Arten fressen Zooplankton, andere zupfen an Korallenpolypen, und wieder andere picken kleine Algen und Wirbellose vom Grund auf.

Falterfische sind ausschließlich tagaktiv und verstecken sich nachts zwischen Korallen. Oft weicht ihre kräftige Farbe dann einer weniger intensiven Nachtfärbung, einige haben sogar ein leicht abweichendes Nachtkleid. Verschiedene

Arten leben einzeln, andere paarweise in Dauerehe, wieder andere in Schwärmen. Einige verhalten sich territorial und verteidigen ihr Revier gegenüber Artgenossen.

Kaiserfische

Wie die nah verwandten Falterfische haben Kaiserfische einen seitlich sehr stark abgeflachten Körper. Ein sicheres Unterscheidungsmerkmal ist der kräftige, nach hinten gerichtete Dorn auf dem Kiemendeckel aller Kaiserfische. Die meisten Arten bestechen mit plakativen Farben. In der Gattung *Pomacanthus* unterscheiden sich die Jungfische dramatisch in Färbung und Muster von den erwachsenen Tieren derselben Art. Im Gegensatz zu letzteren führen die Jugendformen jedoch ein verstecktes Dasein im Riff und sind nur selten zu entdecken.

Größere Arten wie der Imperatorkaiserfisch sind langsame, majestätisch anmutende Schwimmer und zeigen kaum Scheu. Mit bis zu 40 cm Körperlänge gehört er schon zu den größten Vertretern seiner Familie. Weniger selbstbewußt, aber ebenfalls sehr weit verbreitet und regelmäßig auch schon im Flachbereich anzutreffen ist der attraktiv gefärbte Pfauenaugen-Kaiserfisch. Oft hält er sich paarweise in der Nähe von Höhlungen auf, in die er sich bei Beunruhigung schnell zurückzieht.

Soldatenfische

Diese Familie wird in zwei Unterfamilien aufgeteilt, die eigentlichen Soldatenfische und die Husarenfische. Gemeinsame, gut erkennbare Merkmale sind die relativ großen Augen und ein seitlich abgeflachter Körper mit großen Schuppen und deutlich gegabelter Schwanzflosse. Unterscheiden lassen sich die Soldatenfische anhand ihrer rundlich-stumpfen

Maskenfalterfisch (Chaetodon semilarvatus)

Pfauenaugen-Kaiserfisch (Pygoplites diacanthus)

Arabischer Kaiserfisch (Pomacanthus maculosus)

Imperatorkaiserfisch (Pomacanthus imperator)

Maskenfalterfische (Chaetodon semilarvatus)
und Rotmeer-Wimpelfische (Heniochus intermedius)

Kopfform von den Husarenfischen, die einen spitzen Kopf haben und auf dem Kiemendeckel einen deutlich sichtbaren, nach hinten gerichteten Stachel tragen.

Wie schon die großen Augen vermuten lassen, sind Soldaten- und Husarenfische nachtaktiv. Tagsüber stehen die überwiegend rötlich gefärbten Fische einzeln oder in Gruppen ruhig in Höhlen, Spalten oder unter Überhängen. Eine häufige Art ist der Weißsaum-Soldatenfisch, der meist in größeren Gruppen schon ab sehr geringer Wassertiefe anzutreffen ist. Ebenfalls häufig ist der Schwarzfleck-Husar. Er steht oft vor ästigen Korallen und entfernt sich auch tagsüber schon mal etwas von seinem Unterstand. Mit bis zu 45 cm Länge ist der Großdorn-Husar die größte Art der Familie.

Großaugenbarsch (Priacanthus hamrur)

Weißsaum-Soldatenfisch (Myripristis murdjan)

Großdorn-Husar (Sargocentron spiniferum)

Torpedosoldat (Neoniphon sammara)

57

Rotfeuerfisch (Pterois volitans)

*Bärtiger Drachenkopf
(Scorpaenopsis oxycephalus)*

Steinfisch (Synanceia veruscosa)

Skorpionsfische

Feuerfische, Drachenköpfe und Steinfische sind wohl die bekanntesten Angehörigen dieser großen Familie. Sie besitzen giftführende Flossenstrahlen, die sie jedoch nur zur Verteidigung, nicht zum Beuteerwerb gebrauchen.

Mit ihrer meist prächtigen Färbung und den langen Flossenstrahlen sind Feuerfische besonders spektakuläre Erscheinungen. Ganz gelassen und selbstbewußt schweben sie mit minimalen Flossenbewegungen meist dicht über das Riff oder stehen ruhig unter Überhängen oder in Höhlungen. Ihre Jagdtechnik ist, dicht über den Korallen gleitend, kleinere Fische in die Enge zu treiben, wobei sie geschickt ihre übergroßen Brustflossen einsetzen. Schließlich wird die Beute durch ein blitzschnelles Aufreißen des Mauls eingesaugt.

Drachenköpfe und Steinfische lauern dagegen vollkommen reglos und stets dem Grund aufliegend so gut getarnt im Riff, daß sie leicht übersehen werden. Als Lauerjäger warten sie geduldig auf ahnungslose, dicht vorbeischwimmende Beute, die ebenfalls durch ein schnelles Maulaufreißen eingesaugt wird. Insbesondere Steinfische sind absolute Meister der Tarnung und gleichzeitig die giftigsten Fische überhaupt. Es gehört schon eine Portion Glück und ein geschultes Auge dazu, sie überhaupt zu entdecken.

Eine Verletzung durch Skorpionsfische kann sehr schmerzhaft und im Falle des Steinfisches auch lebensbedrohlich sein. Allen Arten sollte daher mit entsprechender Vorsicht begegnet werden.

Doktorfische

Ihren Namen verdanken Doktorfische den skalpellartigen Stacheln auf beiden Seiten der Schwanzwurzel, die bei einigen Arten farblich deutlich abgesetzt sind. Alle Arten haben einen seitlich stark abgeflachten, länglich-ovalen Körper und ein relativ kleines Maul.

In Korallenriffen gehören zwei Unterfamilien zum typischen Erscheinungsbild, die Nasen- und die Skalpelldoktorfische. Letztere besitzen einen aus einer Nut hervorschauenden Stachel. Durch eine Krümmung des Schwanzes springt dieser auf der nach außen gebogenen Schwanzseite hervor und kann im Vorbeischwimmen tiefe Schnittwunden erzeugen. Die Skalpelldoktorfische haben sich auf das Abgrasen von Algenbewuchs spezialisiert. Sie ziehen einzeln oder in größeren Gruppen über das Riff und zupfen oder kratzen Algen vom Kalkgestein. Arten wie der Sohal-Doktorfisch erweisen sich dabei als kräftige und gewandte Schwimmer, die auch bei starken Wasserbewegungen auf dem Riffdach umherschwimmen.

Die Nasendoktorfische tragen dagegen 1–2 feststehende Messer pro Seite. Einige dieser auch Einhorn-Doktorfische genannten Arten fallen durch einen hornartigen Auswuchs auf der Stirn auf. Sie halten sich meist etwas vom Riff entfernt und ernähren sich vom Zooplankton aus dem Freiwasser.

Sohal-Doktorfisch (Acanthurus sohal)

Goldener Riffbarsch (Amblyglyphidodon aureus)

Riffbarsche

Riffbarsche bevölkern die Riffe nicht nur mit vielen Arten, sondern auch mit sehr vielen Individuen. So gehören sie trotz ihrer geringen Größe, die meisten messen nur zwischen 6 und 20 cm, zu den auffälligen Bewohnern der Riffe. Neben unscheinbaren gibt es sehr attraktiv gefärbte Arten. Einige weiden Algen ab, andere schnappen Plankton aus der Strömung oder ernähren sich von Mischkost. Viele sind territorial und besetzen sehr kleine, aber klar umgrenzte Plätze auf

Indopazifik-Sergeant (Abudefduf vaigiensis)

59

Indopazifik-Sergeant (Abudefduf vaigiensis)

Juvenile Dreifleck-Preußenfische (Dascyllus trimaculatus)
und Anemonenfische in ihrer Wirtsanemone, darüber einige Fahnenbarsche

dem Riff, die sie ebenso mutig wie kampfeslustig gegen Eindringlinge verteidigen.

Leicht und regelmäßig zu beobachten sind der Scherenschwanz- und der Indopazifik-Sergeant. Sie sind vom Roten Meer bis nach Polynesien verbreitet. In teils großen Schwärmen schnappen sie in meist geringer Wassertiefe vor der Riffwand nach Zooplankton. Ein sehr schöner Vertreter seiner Familie ist der Goldene Riffbarsch. In kleinen Gruppen dicht über Korallen hält sich der Blaugrüne Chromis auf. Bei Gefahr flüchten die kleinen Fische zwischen die Korallenäste. Besonders beliebt sind die attraktiv gefärbten Anemonenfische, die durch ihre interessante Symbiose mit Seeanemonen geradezu Berühmtheit erlangt haben. Während andere Tiere sich vor den nesselnden Fangarmen der Anemone hüten müssen, kuscheln sich Anemonenfische bei Gefahr oder zur Nachtruhe ungefährdet in den giftigen Tentakelwald. Stets bleiben sie daher dicht bei ihrer Wirtsanemone.

Riffbarsche legen ihre Eier auf Felsbereiche ab, die sie einige Tage vorher säubern, indem sie anhaftende Algen und anderen Aufwuchs mit dem Maul entfernen. Die Eier werden vom Männchen aufmerksam bewacht und gegen Gelegefresser verteidigt.

Fahnenbarsche

Die große Familie der Barsche gliedert sich in fünf Unterfamilien. Eine davon ist die der Fahnenbarsche. Diese kleinen, äußerst lebhaften Fische tragen herrliche Farbkleider, wobei Gelb, Pink, Orange, Rot und Purpur vorherrschen. Fahnenbarsche können trotz ihrer geringen Größe einen beträchtlichen Teil am gesamten Fischbestand eines Riffes darstellen. Sie schnappen im freien Wasser

Grüner Chromis (Chromis cinerascens)

Orangeflossen-Anemonenfisch (Amphiprion chrysopterus)

Stachel-Anemonenfisch (Premnas biaculeatus)

B.o. und B.l.: Männchen und Weibchen des Juwelen-Fahnenbarsches (Pseudanthias squamipinnis)

B.u.: Das Männchen des Juwelen-Fahnenbarsches

nach vorbeidriftendem Plankton, entfernen sich jedoch nie weit vom schützenden Riff, wo sie bei Gefahr ebenso wie nachts Zuflucht suchen.

Besonders attraktiv sind Fahnenbarsche in riesigen Schwärmen aus Tausenden rotschimmernder Tiere, die wie pulsierende Wolken erscheinen. Im Roten Meer beispielsweise ist der Juwelen-Fahnenbarsch sehr häufig und vor Riffabhängen oder um exponierte Korallenblöcke herum oft in großer Zahl zu bewundern. Diese Art ist vom Roten Meer bis Australien verbreitet. Fahnenbarsche leben im Harem, sind zunächst weiblich und können später einen Wechsel zum Männchen vollziehen. Die Schwärme des Juwelen-Fahnenbarsches bestehen zum größten Teil aus den kleineren, orangefarbenen Weibchen. Die größeren Männchen sind deutlich seltener und an der fuchsroten bis violetten Färbung sowie einem stark verlängerten Strahl in der Rückenflosse zu erkennen.

Zackenbarsche

Sie stellen die größte und bekannteste Unterfamilie innerhalb der Barsche dar. Mit teils deutlich über 1 Meter Länge gehören einige Vertreter zu den größten Fischen im Riff. Das Spektrum umfaßt auch eine Reihe kleinerer Arten, die jedoch häufig durch ihre attraktive rote Färbung auffallen. Allen Zackenbarschen gemeinsam ist der kräftig-bullige Körperbau, ein großer Kopf mit ebensolchem Maul sowie die bodenorientierte Lebensweise. Tagsüber stehen sie oft ruhig bei ihren Unterständen. Einige Arten streifen jedoch auch tagsüber bedächtig durch die Rifflandschaft.

Zackenbarsche sind typische Lauerjäger, die ihre Beute im kurzem Vorstoß überrumpeln. Ihre erfolgreichste Jagdzeit ist die Dämmerung. Viele Zackenbarsche können ihre Färbung in gewissem Maße schnell ändern. Teils geschieht dies als Anpassung an die Umgebung. So verblassen bei vielen die Farben, wenn sie auf hellem Sandgrund liegen. Es kann jedoch auch Ausdruck des Gefühlszustandes sein. Zackenbarsche sind Folgezwitter, die zunächst als Weibchen heranreifen und später im Leben einen Wechsel zum Männchen vollziehen.

Drückerfische

Drückerfische sind leicht an ihrer rhombischen Form mit sehr großem Kopf und kleinem Maul zu erkennen. Sie schwimmen in charakteristischer Weise mit der zweiten Rückenflosse und der Afterflosse, die Schwanzflosse kommt nur zum Einsatz, wenn hohe Geschwindigkeiten

Riesenzackenbarsch (Epinephelus tukula)

Juwelenzackenbarsch (Cephalopholis miniata)

Rotmeerpicasso-Drückerfisch (Rhinecanthus assasi)

Riesendrücker (Balistoides viridescens)

Monokel-Korallenwächter
(Paracirrhites arcuatus)

Gefleckter Korallenwächter
(Cirrhitichthys oxycephalus)

benötigt werden. Die erste Rückenflosse liegt in einer Nut versenkt und weist einen speziellen Mechanismus auf. Der lange, kräftige erste Strahl dieser Flosse kann aufgerichtet und durch den zweiten Strahl in dieser Position fixiert werden. Dieser zweite Strahl nun ist der namensgebende „Drücker", über welchen mittels eines Zugmechanismus der erste Strahl wieder entriegelt werden kann. Bei Gefahr flüchten Drückerfische in schmale Felsspalten und verkeilen sich dort durch ein Aufrichten der Rückenflosse. Auch die Nacht verbringen Drückerfische in Felsspalten.

Mit ihren kräftigen Kiefern und meißelartigen Zähnen knacken sie selbst hartschalige Beute. So stehen überwiegend Krebstiere, Muscheln oder Seeigel auf ihrem vielseitigen Speisezettel. Der Riesendrückerfisch ist dafür bekannt, sein Gelege entschlossen gegen Eindringlinge zu bewachen und selbst Taucher zu attackieren, wenn diese zu nah ans Nest kommen. Zu den farbenfrohen Vertretern dieser Familie gehören beispielsweise die Picasso-Drückerfische, die typischerweise schon auf den Riffdächern zu beobachten sind.

Büschelbarsche

Aufgrund ihrer geringen Größe fallen Büschelbarsche meist nicht sofort ins Auge. Sie sind aber regelmäßig mit verschiedenen Arten schon ab dem Flachbereich vertreten. Büschelbarsche sind bodengebundene Riffbewohner, die nur sehr selten schwimmen, und dann auch nur ein kurzes Stück. Typischerweise sitzen diese Lauerräuber, auf ihre kräftigen Brustflossen gestützt, reglos auf exponierten Stellen und beobachten aufmerksam die Umgebung. Sie leben von kleinen Krebsen und Fischen, die sie von ihrem Ansitz aus im kurzen, schnellen Vorstoß erbeuten. Von diesem Jagdverhalten rührt ihr englischer Name Hawkfishes („Falkenfische").

Einer anatomischen Besonderheit verdanken sie dagegen die Bezeichnung Büschelbarsche: Mehr oder weniger gut sichtbar tragen die Enden der Rückenflossenstrahlen feine, haarähnliche Fortsätze. Mit ihren beweglichen Augen registrieren Büschelbarsche jede Annäherung von Schnorchlern oder Tauchern genau. Viele sind attraktiv gefärbt, wie der Monokel-Büschelbarsch oder der Gefleckte Büschelbarsch.

Masken-Kugelfisch (Arothron diadematus)

Kugelfische

Mit ihrer rundlich-plumpen Körperform gehören Kugelfische zu den auffallendsten Riffbewohnern. Sie sind zwar langsame, ihrem Aussehen zum Trotz aber recht geschickte Schwimmer. Sie können auf der Stelle drehen und äußerst präzise manövrieren.

Ihren Namen verdanken sie der Fähigkeit, sich bei Gefahr kugelförmig aufzublähen, indem sie Wasser in eine sehr dehnbare Magenkammer saugen. Der beträchtlich vergrößerte Körperumfang schreckt viele Freßfeinde ab oder macht es ihnen unmöglich, die gerade noch vermeintlich leichte Beute zu schlucken. Kugelfische sind insbesondere auch wegen ihrer Giftigkeit bekannt. In ihrem ganzen Körper, verstärkt jedoch in Eingeweiden, Leber und Geschlechtsorganen enthalten sie ein äußerst wirksames Gift, das Tetrodotoxin.

Kugelfische haben ein kleines Maul mit einem kräftigen, schnabelähnlichen Gebiß. Zur ihrer Nahrung gehören verschiedenste wirbellose Bodenbewohner, darunter auch Schalentiere und Seeigel. Regelmäßig an den Riffen des Roten Meeres ist der Maskenkugelfisch anzutreffen. Seine großen, dunklen Augen verleihen

Schwarzpunkt-Kugelfisch (Arothron nigropunctatus)

Riesen-Kugelfisch (Arothron stellatus)

65

*Flossenbeißer-Schleimfisch
(Plagiotremus rhinorhynchus)*

*Neonaugen-Wippschwimmer
(Ecsenius midas)*

Axelrods Schleimfisch (Ecsenius axelrodi)

ihm einen für Fische völlig untypischen, treuherzigen Blick. Mit bis zu 120 cm Länge ist der Riesen-Kugelfisch der größte seiner Familie.

Schleimfische

Ein gemeinsames und namensgebendes Merkmal der Schleimfische ist ihre zumeist schuppenlose Haut, die nur durch eine Schleimschicht geschützt wird. Die meisten sind typische Bodenbewohner, die nur wenig und dann lediglich sehr kurze Strecken schwimmen. In ihren Minirevieren bewohnen sie kleine Löcher und Spalten im Gestein, aus denen heraus sie aufmerksam die Umgebung beobachten. Zur Nahrungssuche verlassen sie ihre Felsenwohnung, ziehen sich jedoch bei Bedrohung blitzschnell darin zurück. Meist strecken sie sofort darauf schon wieder den Kopf heraus, was geradezu keck und neugierig anmutet und zur weiten Beliebtheit dieser Fische bei Schnorchlern und Tauchern beiträgt.

Innerhalb der sehr großen Familie der Schleimfische werden mehrere Gruppen unterschieden, so etwa die Kammzähner und die Säbelzahn-Schleimfische. Erstere haben eine Reihe feiner, kammartig angeordneter Zähne. Der Neonaugen-Kammzähner gesellt sich häufig zu den sehr ähnlich gefärbten Fahnenbarschen. Im Schutz des Schwarms, dennoch nur unweit seines Unterschlupfes, schnappt er im Freiwasser nach Plankton.

Anders als die meisten Vertreter ihrer Familie sind die Säbelzahn-Schleimfische aktive und geschickte Schwimmer, die sich oft auch einige Meter über dem Boden aufhalten. Sie tragen ein Paar langer, gekrümmter Zähne in den Ecken des Unterkiefers, die sie zur Verteidigung einsetzen. Andere Säbelzahn-Schleimfische ernähren sich dagegen von kleinen Haut- und Flossenstückchen oder Schuppen, die sie anderen Fischen mit Hilfe ihrer dolchartigen Eckzähne abzwicken.

Meerbarben

Das markanteste Merkmal dieser stark bodenorientierten Fische sind die zwei langen Bartfäden am Kinn. Diese Tastorgane tragen Geschmackssinneszellen und dienen dem Auffinden von Beutetieren, die in Sand- und Schlickböden leben. Die Bartfäden können zurückgeklappt werden, beispielsweise beim freien Schwimmen, und liegen dann kaum sichtbar dicht der Kopfunterseite an. Insbesondere bodenbewohnende Würmer, Krebs- und Weichtiere stehen auf dem Speisezettel von Meerbarben. Bei dem Wühlen nach Nahrung werden sie nicht selten von anderen Fischen begleitet, die es auf freigelegte Nahrungsbrocken und aufgeschreckte Beutetiere abgesehen haben. Die ungebetenen „Tischgenossen" profitieren also von der Wühlarbeit der Meerbarben, ohne diesen jedoch zu schaden. Sie erbeuten nur die übriggelassene oder nicht genutzte Nahrung. Solche Beziehungen werden als Kommensalismus oder Tischgemeinschaft bezeichnet.

Meerbarben sind nicht nur auf Sandböden zu beobachten, oftmals ziehen sie auch in kleinen Trupps über das Riff. Die Gelbsattelbarbe ernährt sich zu einem großen Teil von kleinen Fischen, was sehr ungewöhnlich für Meerbarben ist. Von dieser Art gibt es eine attraktive, vollkommen gelbe Varietät.

Stachelmakrelen

Stachelmakrelen haben einen stromlinienförmigen, seitlich stark abgeflachten Rumpf, einen sehr schlanken Schwanzstiel und eine hohe, schmale Schwanzflosse, die bei einigen sichelförmig, bei anderen stark gegabelt ist. Mit diesem Grundbauplan sind Stachelmakrelen her-

Forsskals Barbe (Parupenus forsskali)

*Gelbflossenbarbe
(Mulloidichthys vanicolensis)*

Gelbsattelbarbe (Parupenus cyclostomus)

Dickkopfmakrele (Caranx ignobilis)

vorragend geeignet für ausdauerndes, schnelles Schwimmen.

Obwohl sie als Marathonschwimmer ganz typische Bewohner des freien Wassers sind, werden verschiedene Arten regelmäßig an Riffhängen oder Steilabfällen angetroffen. Einzeln, paarweise oder in kleinen Gruppen machen die schnellen Räuber hier Jagd auf kleinere Fische. Faszinierend ist es, ihnen bei der Jagd auf Schwarmfische zuzusehen. Mit hoher Geschwindigkeit schießen die Räuber in den Schwarm hinein, haben bei solchen Vorstößen jedoch längst nicht jedesmal Jagderfolg. Die sehr kleinen Zähne der Stachelmakrelen dienen nur dem Festhalten der Beute. Diese wird als Ganzes verschlungen. Da Stachelmakrelen gerne oberflächennah und dicht am Riff entlang patrouillieren, können sie auch beim Schnorcheln häufig beobachtet werden, zumal viele kaum scheu, teils sogar neugierig sind.

Stachelmakrelen sind ganz überwiegend silbrig gefärbt. Sie zeigen aber nicht selten auch metallisch blau, grün oder gelblich glänzende Partien. Mit bis zu 1,7 m Länge gehören die Dickkopfmakrelen schon zu den eindrucksvolleren Fischen, die am Riff entlangziehen. Meist in größeren Schulen kann die wenig scheue Großaugenmakrele vor Riffhängen beobachtet werden.

Rochen

Rochen werden in mehrere Familien aufgeteilt, von denen die Stechrochen beim Schnorcheln an Korallenriffen am ehesten zu beobachten sind. Häufiger Vertreter dieser Familie ist der Blaupunkt-Stechrochen. Er kommt auf sandigen Bereichen schon ab dem Flachbereich vor. Tagsüber ruht er häufig unter kleineren Überhängen oder unter Tischkorallen. Manchmal liegt er auch frei auf dem Sandgrund, nicht selten gräbt er sich aber so ein, daß nur noch Augen und Atemöffnungen freiliegen. Erst zur Nacht wird dieser Riffbewohner aktiver. Dann sucht er den Boden nach Weichtieren, Würmern und anderen Wirbellosen ab, von denen er sich ernährt.

Aktive Schwimmer unter den Rochen sind u. a. die Adlerrochen und auch die Mantarochen. Mit anmutigen Bewegungen ihrer flügelartigen Brustflossen gleiten sie mit unvergleichlicher Eleganz durch das Wasser. Der gefleckte Adlerrochen wird zwar meist im Freiwasser schwimmend beobachtet, stöbert seine Nahrung, zu der Weichtiere, Würmer und Krebse gehören, jedoch aus dem Sandgrund auf.

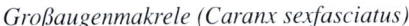

Manta (Manta birostris)

Großaugenmakrele (Caranx sexfasciatus)

Riesig: der Manta

Mit einer „Flügelspannweite" von bis zu 6,7 m ist der Manta nicht nur die größte Rochenart überhaupt, sondern gleichzeitig einer der größten Fische. Sein Gewicht kann deutlich bis über eine Tonne betragen. Obwohl er eine pelagische, im freien Wasser lebende Art ist, kann er nicht selten unmittelbar an Korallenriffen beobachtet werden. In verschiedenen Gebieten ist dies sogar sehr regelmäßig der Fall.

Planktonnahrung

Der Manta ist weltweit in tropischen und warm-gemäßigten Meeren verbreitet. Trotz seiner Größe ist er friedfertig und harmlos. Wie Bartenwale ernährt er sich von kleinen Planktontierchen. Mit weit geöffnetem Maul schwimmend, siebt er diese mit einem besonderen Kiemenreusenapparat aus dem Atemwasser. Dabei helfen die beiden hornartigen Lappen vorn am Kopf, denen die Tiere auch den Namen Teufelsrochen verdanken, das nahrungsreiche Wasser in das riesige Maul zu leiten.

Flugkünstler

Die Brustflossen sind mit Kopf und Rumpf zu einer rhombischen Scheibe verwachsen. Mit flügelschlagartigen Bewegungen der riesigen Brustflossen gleiten die Mantas unnachahmlich elegant durchs Wasser. Anders als die meisten Rochen sind sie ausdauernde, kräftige Schwimmer. Gelegentlich machen sie sogar, ähnlich den Walen und Delphinen, Sprünge aus dem Wasser.

Trittbrettfahrer

Wie andere Großfische oder auch Wale, werden Mantas häufig von Schiffshaltern als Transportmittel benutzt. Diese Fische besitzen auf dem Rücken eine große Saugscheibe, mit der sie sich an anderen Tieren festheften können und auf diese Weise mitziehen lassen. Sie ernähren sich unter anderem von kleinen Parasiten, die sie auf der Haut ihres Transporttieres finden.

Mantas sind lebendgebärend und bringen nach einer Tragzeit von etwa 13 Monaten 1 bis 2 Junge zur Welt. Diese haben bereits die beachtliche Größe von 1 m Spannweite. Mantas ziehen einzeln oder in Gruppen umher. Stets halten sie sich dabei in den oberflächennahen Bereichen auf, oft schwimmen sie direkt unter der Wasseroberfläche.

Meistens schenken sie den Schnorchlern oder Tauchern überhaupt keine Beachtung und ziehen einfach weiter ihres Weges. Es kann aber auch passieren, daß sie neugierig sind und sich sogar anfassen lassen.

Nimmt man die „Trübung" unters Mikroskop, so entpuppt sie sich als üppiges planktonisches Leben.

Großer Tümmler

Intelligent: Delphine

Delphine beim Schnorcheln oder Tauchen unter Wasser zu sehen ist ein herrliches, leider ziemlich seltenes Ereignis. Was nicht heißt, daß dies nicht immer wieder mal geschieht. Dagegen werden Delphine relativ häufig vom Boot aus gesichtet. Bei den An- oder Abfahrten zu Riffen und Schnorchelgebieten kommt es in vielen Gebieten sogar regelmäßig zu solchen Begegnungen.

Know-how

Oft machen sich die Delphine einen Spaß daraus, unmittelbar neben den Booten herzuschwimmen oder ganz dicht unter der Wasseroberfläche auf der Bugwelle zu „reiten". Dabei nutzen sie geschickt die vorwärtsdrängende Welle, um mit minimalem Kraftaufwand neben dem Boot zu schwimmen. Von der hydrodynamischen Gestalt der Delphine hat die Technik gelernt. Die abgerundetstumpfe Schnauze war Vorbild für die Bugwülste moderner Ozeanriesen. Der knollige Bug teilt das Wasser deutlich widerstandsfreier als die alten Spitzrümpfe, was eine erhebliche Einsparung an Treibstoff bedeutet.

Gesellig

Delphine haben enge Sozialstrukturen und sind fast immer in Gruppen anzutreffen, Einzeltiere wird man so gut wie nie sehen. Oft sind es kleine Gruppen von zwei bis etwa einem Dutzend Delphinen, sie können sich jedoch auch zu riesigen Herden bis über 1000 Tiere zusammenfinden. Als Lungenatmer

Mutter mit Jungtier

schwimmen sie meist dicht unter der Oberfläche und durchbrechen in regelmäßigen Bögen für einen kurzen Augenblick zum Luftholen die Wasseroberfläche. Delphine können je nach Art bis etwa 15 Minuten die Luft anhalten und bis über 300 Meter tief tauchen.

Echolot

Außer den üblichen Sinnen verfügen sie mit ihrem „Sonarsystem" über einen weiteren, äußerst effektiven Sinn. Er beruht darauf, daß sie Schallwellen aussenden und das von einem Körper reflektierte Echo empfangen und auswerten können. So erhalten sie auf große Entfernung verschiedenste Informationen über Gegenstände oder andere Lebewesen, etwa über deren Größe, Geschwindigkeit und Richtung – ein für die Navigation und er-folgreiche Jagd äußerst nützlicher Sinn.

Großer Tümmler

Ein häufig in Küstennähe tropischer und warmer Gebiete zu beobachtender Delphin ist der Große Tümmler. Er kann fast 40 Jahre alt werden und ist mit bis zu 4 m Länge die größte Delphinart. Die Weibchen können ab dem fünften Lebensjahr die Geschlechtsreife erlangen und etwa alle zwei bis drei Jahre ein Junges bekommen. Die Tragzeit dauert etwa 12 Monate. Das Jungtier bleibt lange Zeit stets dicht bei der Mutter und kann bis zu 18 Monate lang gesäugt werden. Zur Nahrung des Großen Tümmlers gehören vor allem Fische und Tintenfische.

Eine Karettschildkröte auf Nahrungssuche im Riff

Urtümlich: Schildkröten

Meeresschildkröten wirken nicht nur urtümlich, sie sind tatsächlich eine sehr alte Gruppe. Schon vor über 200 Millionen Jahren zogen sie durch die Ozeane, überlebten die Saurier und sind bis heute mit mehreren Arten vor allem in tropischen und warm-gemäßigten Gewässern weit verbreitet. Ihr Leben spielt sich fast vollständig im Meer ab. Nur noch zur Eiablage kriechen die weiblichen Tiere an Sandstrände. Hier graben sie eine tiefe Kuhle in den Sand, legen die Eier hinein und schütten das Loch anschließend wieder zu. Für die an ein Leben im Meer angepaßten Tiere eine äußerst mühselige und kräftezehrende Arbeit. Im Wasser dagegen sind Meeresschildkröten in ihrem Element.

Pfadfinder

Mit den paddelförmigen Schwimmfüßen und dem abgeflachten Körper sind sie überraschend geschickte, vor allem sehr ausdauernde Schwimmer. Sie bewegen sich mit gleichmäßig-ruhigen Schlägen der Vordergliedmaßen fort, die Hinterfüße dienen der Steuerung. Erstaunlich ist das außerordentliche Orientierungsvermögen der Meeresschildkröten. Über oft Tausende Kilometern Entfernung finden sie die Strände der Eiablage. Wie sie diese hervorragenden Navigationsleistungen zustande bringen, ist bis heute nicht vollständig geklärt.

Nahrung

Anders als die Landschildkröten können sie den Kopf nicht mehr in den Panzer zurückziehen. Meeresschildkröten sind

Meeresschildkröten sind elegante Schwimmer und ausgezeichnete Taucher.

Lungenatmer, müssen also regelmäßig zum Luftholen an die Wasseroberfläche. Schon deshalb sollte man sich an den Tieren nicht festhalten, wie es leider manchmal zu sehen ist. Meeresschildkröten sind vielerorts regelmäßig an Korallenriffen anzutreffen. Dies liegt daran, daß sie hier einen Teil ihrer Nahrung finden. Sie haben zahnlose, aber starke und mit Hornscheiden versehene Kiefer. Zu ihrem Nahrungsspektrum zählen unter anderem Algen, Krebs- und Weichtiere, Schwämme und Weichkorallen. Im freien Wasser stehen auch Quallen, darunter selbst stark nesselnde Arten, auf ihrem Speisezettel.

Luxusgüter

Meeresschildkröten werden, obwohl sie weltweit unter Schutz stehen, vielerorts immer noch gejagt. Neben dem Fleisch ist das Schildpatt begehrt, welches aus dem Panzer hergestellt wird. Ein mörderischer und vollkommen unnötiger Luxus, zumal sich der gleiche Modeschmuck heute aus praktisch nicht unterscheidbaren Kunststoffen herstellen läßt.

Schnorchler und Taucher sind keine Souvenirjäger.
Helfen Sie mit, vom Aussterben bedrohte Meeresschildkröten zu retten. Kaufen Sie keine Schildkrötenprodukte. Meiden Sie Geschäfte und Restaurants, die entsprechende Produkte anbieten.

Üppig belebte Riffkante

Korallenriffe – Lebensräume des Meeres

Korallenriffe wecken unwillkürlich die Assoziation mit tropischen Gewässern. Tatsächlich ist eine Voraussetzung für ihr Vorkommen, daß die Wassertemperatur nicht für längere Zeit unter 20 °C sinkt. Korallenpolypen beherbergen in ihrem Körpergewebe Algen, mit denen sie im engen Stoffaustausch stehen. Da der Algenpartner Licht für die Photosynthese benötigt, gedeihen Korallen zudem nur in gut durchlichteten Bereichen, in der Regel von der Wasseroberfläche bis in etwa 50 Meter Tiefe. Korallenpolypen können in begrenztem Maße Sandkörner oder Trübstoffe, die auf ihre Oberfläche

absinken, wieder entfernen. Werden sie jedoch beständig eingesandet, übersteigt dies schnell ihre Selbstreinigungskraft. Eine dritte Voraussetzung für das Riffwachstum ist also, daß nicht zu viele Trübstoffe im Wasser vorhanden sind. In flachen Sandbuchten oder Bereichen vor Flußmündungen ist das Korallenwachstum daher äußerst begrenzt. Entsprechend ihrer ökologischen Ansprüche sind Korallenriffe weltweit in einem breiten Gürtel nördlich und südlich des Äquators verbreitet, in dem sie die genannten Bedingungen vorfinden.

Auf diese tropischen Riffe wollen wir uns in diesem Buch konzentrieren, auch wenn in den vergangenen Jahren die Meeresforschung Korallenriffe im Mittelmeer, Kaltwasserriffe und neue Korallenarten in größeren Meerestiefen entdeckt hat.

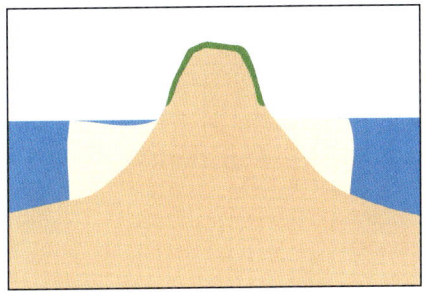

Saumriff

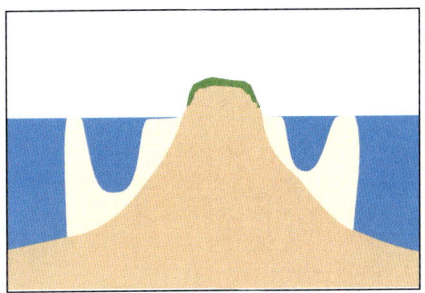

Wall- und Barriereriff

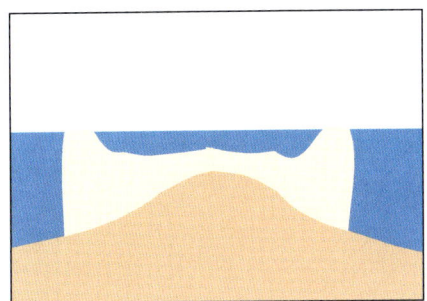

Atoll

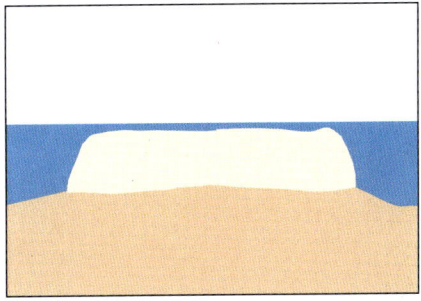

Plattformriff

Rifftypen

Abhängig von ihrer Entstehung und Form sowie ihrer Entfernung vom Land werden vier Haupttypen von Korallenriffen unterschieden: Saumriff, Plattformriff, Barriereriff und Atoll. Das Saumriff ist der am meisten verbreitete Typ. Es entsteht dicht unter der Wasseroberfläche direkt am oder wenige Meter vom Ufer entfernt und schiebt sich im Laufe seines Wachstums weiter seewärts vor. Abhängig von der Steilheit des Meeresbodens sind dies oft weniger als hundert, manchmal auch mehrere hundert Meter. Wie der Name verrät, ist es der Küste als mehr oder weniger schmaler Saum angelagert, wobei es viele Kilometer lang sein kann. Typische Saumriffe sind beispielsweise im Roten Meer sehr ausgeprägt vorhanden.

Plattformriffe entstehen in größerem Abstand von der Küste an Stellen, wo der Meeresgrund weit genug emporragt. Sie wachsen nach allen Seiten und sind meist einige hundert Meter, teils mehrere Kilometer groß. Solche Riffe finden sich zum Beispiel in Teilen der Lakkadiven.

Barriereriffe sind weit von der Küste entfernt entstanden und haben geologische Vorgänge wie Absinken des Untergrundes oder Steigen des Meeresspiegels zur Voraussetzung. Sie wachsen seewärts und sind vom Land durch eine tiefe, breite Lagune getrennt. Bekanntestes Beispiel ist das Great Barrier Riff vor Australien.

Atolle sind ringförmige Riffe, welche in der Regel eine Lagune umschließen. Ihre Entstehung ist kompliziert und an bestimmte geologische Prozesse gebun-

Korallenlandschaft Rotes Meer

Tischkoralle (Acropora hyacinthus)

Pilzkoralle (Fungia spec.)

den. Musterbeispiele für solche im offenen Meer vorkommenden Riffe sind die Malediven; auch in der Südsee sind Atolle sehr zahlreich.

Baumeister: Steinkorallen

Zumindest tagsüber wirken Steinkorallen eher leblos, weshalb sie von vielen, die sie das erste Mal sehen, für Gestein statt für lebende Tiere gehalten werden. Die großen Korallenstöcke sind jedoch Kolonien aus zahlreichen kleinen Einzeltieren, den Polypen. Jeder einzelne sitzt eingebettet in einer kelchartigen Vertiefung des Kalkskelettes. Meist kommen sie erst nachts richtig zur Geltung, wenn sie mit Wasser vollgepumpt über ihren Kelchrand hinausragen und die Tentakel entfaltet sind. Die tagsüber steinern wirkenden Korallenkolonien bekommen dadurch nachts ein oftmals überraschend weiches Aussehen.

Partnerschaft

Die Tentakel umstehen kranzförmig das Schlundrohr des Polypen, welches die einzige Körperöffnung ist. Die Polypen fangen mit ihren nesselkapselbewehrten Tentakeln Plankton aus dem vorbeiströmenden Wasser. Dies ist jedoch nicht ihre einzige Nahrungsquelle. In den Körperzellen des Polypen leben einzellige Algen, sogenannte Zooxanthellen. Sie vermehren sich dort auch und stehen in sehr engem Nährstoffaustausch mit dem Polypen. Von diesem Zusammenleben, einer echten Symbiose, profitieren beide Partner. Die Algen betreiben Photosynthese und bauen dadurch energiereiche Verbindungen auf, von denen sie einen Teil an den Polypen abgeben. Im Gegenzug versorgt der Polyp die Alge mit Stickstoff- und Phosphorverbindungen sowie Kohlendioxid, welche diese zum Wachstum benötigt.

Kalkbildung

Für die Riffbildung von entscheidender Bedeutung ist jedoch, daß die Korallenkolonien Kalk bilden. Jeder Polyp scheidet in seinem Fußraum beständig Kalk auf eine Weise ab, daß der Korallenkelch immer höherwächst. In regelmäßigen Abständen zieht der Polyp daher auf seiner Unterseite einen neuen Boden ein. So wird der Kalksockel ständig verlängert, wobei sich der Polyp immer weiter nach oben schiebt. Durch die gleiche Tätigkeit der anderen Polypen einer Kolonie wächst diese bis zu teils mehrere Meter großen Korallenstöcken heran.

Solide: Riffaufbau

Die kalkabscheidenden Steinkorallen tragen maßgeblich zum Aufbau der Riffe bei. Sie stellen sozusagen das Gerüstwerk dar und sind in ihrer großen Anzahl die auffälligsten festsitzenden Tiere im Riff.

Teamwork

Darüber hinaus sind jedoch weitere Organismen am Riffwachstum beteiligt. Das beim Wachsen entstehende Lückensystem nutzen verschiedene festsitzende Tiere als Siedlungsplatz, so daß die Hohlräume zunehmend kleiner werden. Insbesondere Kalkrotalgen scheiden Kalkkrusten ab. Dadurch verkitten sie einzelne Bestandteile des Riffs miteinander und bilden eine Art Schutzpanzer gegenüber dem immerwährenden Angriff der Wellen in brandungsexponierten Riffbereichen. Gröbere und feinere Sedimente wie Korallenbruch, Bruchstücke von Muschel- und Schneckenschalen und anderes Material füllen schließlich die Hohlräume immer weiter auf. Hier spielt die beständige mechanische Erosion eine große Rolle, aber auch verschiedene Riffbewohner sind daran

Schnorcheln entlang der Riffkante

Sanfter Riffabfall vor Sulawesi

Abtauchen am Riff

79

Zerbrochene Korallenreste füllen als Korallensand die Lücken im Riff.

beteiligt. Einen nennenswerten Anteil haben insbesonders die Papageienfische. Unermüdlich schaben sie mit ihrem schnabelartigen Gebiß Korallen ab, um die organischen Bestandteile darin zu fressen, und scheiden fein vermahlenen Korallensand aus. In den verbleibenden winzigen Hohlräumen des Riffs wachsen schließlich unter anderem durch mikrobielle Tätigkeit winzige Kalkkristalle. Durch diesen als Zementation bezeichneten Prozeß erhält das ehemals poröse Korallengestein endgültig eine hohe Festigkeit. So stabilisiert sich ein Riff von innen heraus und bildet einen soliden Korallenfels. Dieser stellt einen festen Aufwuchssockel für nachfolgend wachsende Korallen dar.

Weitausladende Korallenfächer bieten ganzen Fischschwärmen Schutz

Abtauchen am Außenriff

Ein Gelber Haarstern in exponierter Lage

Überquellend: Lebensraum Korallenriff

Korallenriffe erscheinen uns wie Oasen im Ozean, und tatsächlich sind sie die artenreichsten und komplexesten Lebensräume im Meer. Nur die tropischen Regenwälder weisen einen vergleichbaren oder eventuell größeren Artenreichtum auf. In Korallenriffen ist fast jede Tierklasse vertreten, und viele weitverbreitete Tiergruppen erreichen hier ihre größte Formenmannigfaltigkeit. Diese Vielfalt hat ihre Ursache letztlich auch in der reichgegliederten Korallenlandschaft mit ihrer außerordentlich komplexen Raumstruktur. Durch das Dickicht verzweigter Kolonien, den labyrinthartigen Hohlräumen, den Überhängen, Vorsprüngen und Kanälen ist ein Korallenriff außerordentlich vielfältig strukturiert. Auf diese Weise bietet es auf engstem Raum eine große Vielzahl unterschiedlichster Lebensmöglichkeiten. Diese Fülle ökologischer Nischen drückt sich in der enormen Arten- und Individuenvielfalt aus, welche Korallenriffe zu wahren Naturwundern macht.

Ein Riff läßt sich in verschiedene Bereiche gliedern, die sowohl durch unterschiedliche physikalische Bedingungen als auch durch unterschiedliche Artengemeinschaften geprägt sind. So wachsen Korallen und andere festsitzende Tiere nicht an vollkommen beliebigen Stellen, sondern nur dort, wo ihre jeweiligen Standortansprüche erfüllt werden. Beispielsweise benötigen einige viel Licht, andere gedeihen nur in schattigen Bereichen, einige brauchen mehr, andere weniger Strömung, einige können den Kräf-

ten in der Brandungszone gut standhalten, andere sind recht zerbrechlich und kommen daher dort nicht vor.

Die wichtigsten Abschnitte eines Riffs sind das Riffdach, die Riffkante und der Riffhang. Charakteristisch für Atolle und Barriereriffe ist zudem noch eine Lagune, welche jedoch auch bei Saumriffen ausgebildet sein kann. Diese Hauptabschnitte sollen hier kurz charakterisiert werden, wobei auf Feingliederungen und mögliche Ausbildungsformen der Anschaulichkeit wegen verzichtet wird.

Als Riffdach wird die weitgehend flach und horizontal gelegene Oberseite des gesamten Riffs bezeichnet. Aufgrund der stärkeren Wasserbewegungen herrschen hier oftmals eher massige, kompakte Korallenformen vor. Fische sind recht zahlreich und mit vielen verschiedenen Arten vertreten. So finden sich hier beispielsweise Falter- und Kaiserfische, ständig

Pulsierendes Leben im Riff

Sohal-Doktorfisch (Acanthurus sohal)

Langflossen-Fledermausfisch (Platax sp.)   *Rotfeuerfisch (Pterois volitans)*

flink umherschwimmende Lippfische, an Korallen nagende Papageifische, Drückerfische, wobei insbesondere verschiedene Pikasso-Drückerfische hier regelmäßig vorkommen, Doktorfische und zahlreiche weitere Vertreter verschiedenster Familien. Einige Arten, wie der Sohal-Doktorfisch im Roten Meer oder der Blaustreifen-Doktorfisch von den Malediven und anderen Gebieten sind regelrecht charakteristisch für diesen Lebensraum.

Die Riffkante ist der oft sehr schmale Bereich, in dem das Riffdach in den mehr oder weniger steil abfallenden Riffhang übergeht. Diese Region ist meist durch stark zerklüftete Korallenformationen gekennzeichnet. Oftmals ziehen hier größere Nischen und Grotten einige Meter tief ins Riff hinein. Dieser Bereich ist dadurch ausgesprochen inter-

essant und abwechslungsreich. Neben unzähligen festsitzenden Tieren können zahlreiche Fischarten beobachtet werden. In diesem oberen Bereich sind in vielen Gebieten Schwärme von Scherenschwanz-Riffbarschen oder die herrlich rot gefärbten Fahnenbarsche häufig. Beim Blick ins Freiwasser können Großfische wie Adlerrochen, Mantas, Makrelen oder Haie gesichtet werden.

Der Riffhang fällt mehr oder weniger steil ab. Bei nahezu senkrechten abfallenden Riffen wird dieser Bereich als Steilwand (engl. drop-off) bezeichnet. Je nach Ausprägung findet sich hier meist ein äußerst üppiges Leben. Unzählige Fischarten sind hier vertreten. Die Höhlen und Spalten beispielsweise beherbergen meist Soldatenfische, Kardinalbarsche oder Schwärme von Glasfischen. Auch Muränen sind hier oftmals anzu-

Erlebnisreiche Schnorchelgänge kann man auch im Flachwasserbereich haben.

treffen. Auf sanft abfallenden, einge-streuten Sandflächen können Rochen ihren Lebensraum haben. Zackenbarsche ruhen zwischen den Korallenblöcken oder patrouillieren gemächlich umher. Lagunen sind allgemein recht gut vor Brandung und Seegang geschützte Bereiche. Oft sind sie sehr flach, meist nur einige Meter tief, können aber bei sehr großen Lagunen deutlich tiefer sein. Häufig sind größere Sandareale vorhanden, mit verstreut liegenden einzelnen Korallenstöcken oder auch ausgedehnteren Korallenbeständen. Für viele Fische stellen Lagunen ideale Kinderstuben dar, so daß hier relativ zahlreich Jungfische anzutreffen sind. Häufig können Stechrochen auf den freien Sandflächen beobachtet werden. Auch andere Sandbewohner wie Seegurken, Plattfische und Meerbarben gehören zum typischen Erscheinungsbild. Oftmals finden sich hier auch größere Bestände von Seegräsern.

Wie prächtige Büsche entfalten sich Weichkorallen in den Riffen.

Farbenpracht: Weichkorallen

Weichkorallen sind in allen Riffen anzutreffen, gebietsweise in sehr großen Beständen. Von den zahlreichen Arten sind viele mit ihrer überwiegend grünlichgrauen Färbung nicht sonderlich auffallend.

Dagegen gehören die *Dendronephthya*-Arten zu den prächtigsten Erscheinungen in einem Korallenriff. Sie kommen in brillanten Pink-, Orange-, Rot- oder Purpurtönen daher und tragen entscheidend zur Farbenpracht der Riffe bei.

Nadelkissen

Trotz der pflanzenhaften Gestalt handelt es sich um Tiere, und zwar um Nesseltiere. Wie die riffbildenden Steinkorallen sind Weichkorallen Kolonien aus zahlreichen kleinen Polypen, welche mit Nesselkapseln bewehrt sind. Statt eines festen Kalkskeletts besitzen sie nur ein

Außenriff von Umm Kamar (Rotes Meer)

ralle stehen. Die *Dendronephthya*-Arten beherbergen dagegen keine Algen, was zu ihrer prächtigen Färbung beiträgt. Als Nahrung dienen Weichkorallen, je nach Art, Produkte ihrer Algenpartner, im Meerwasser gelöste organische Bestandteile sowie kleine Planktonlebewesen.

Wehrhaft

So wehrlos Weichkorallen erscheinen – sie sind es nicht. Statt auf ein schützendes Kalkskelett, vertrauen sie vor allem auf chemische Abwehr. In ihrem Gewebe sind, oft in hoher Konzentration, als Terpene bezeichnete Verbindungen vorhanden. Diese wirken abschreckend und fraßhemmend auf Fische, oft sogar giftig. Die Weichkorallen benutzen die Terpene auch, um sich einen Siedlungsplatz zu sichern, indem sie diese ins Wasser abgeben und so benachbarte Steinkorallen im Wachstum hemmen.

Variable Größe

Eine auffallende Eigenschaft mancher Weichkorallen ist es, ihre Größe beträchtlich verändern zu können. Dazu gehören insbesondere die erwähnten prächtigen *Dendronephthya*-Arten. Solche Vertreter sind in der Lage, durch Herauspumpen von Wasser derart zu schrumpfen, daß sie nur noch unscheinbare Häuflein darstellen. Oft treten dann die spitzen Kalknadeln aus dem Gewebe hervor. Durch Wasseraufnahme dehnen sie sich wieder zur vollen Pracht und Größe aus. Trotz der offenkundig recht wirksamen Verteidigung gibt es Riffbewohner, welche Stückchen von Weichkorallen abzupfen und fressen, so etwa verschiedene Falterfische. Auch Meeresschildkröten fressen mit Vorliebe bestimmte Weichkorallen.

fleischiges Gewebe, in welches zur Verstärkung einzelne Kalknadeln eingebettet liegen. Bei den transparenten *Dendronephthya*-Arten sind diese Nadeln sehr gut zu erkennen. Die unverdaulichen, spitzen Kalknadeln tragen auch zum Schutz vor Freßfeinden bei.

Algenpartner

Bei anderen Weichkorallen rührt die grünliche Färbung von symbiontischen Algen, die im Gewebe dieser Arten leben und im engen Stoffaustausch mit der Ko-

Für uns Europäer ist das Rote Meer das nächste tropische Korallenriffgebiet.

Gesäumt von Riffen

Wie ein langer schmaler Keil schiebt sich das Rote Meer zwischen Nordafrika und Arabien und liegt so inmitten des größten Wüstengürtels der Welt. Bei einer Länge von 2240 km mißt es an der breitesten Stelle nur etwa 360 km. Nennenswerte Süßwasserzuflüsse gibt es nicht. Zudem ist die Verdunstung aufgrund der geringen Luftfeuchtigkeit sehr hoch. So liegt der Salzgehalt des Roten Meeres mit etwa 42 Promille deutlich über den durchschnittlich 35 Promille der Weltmeere. Die Wassertemperaturen haben an der Oberfläche zwischen 20 und 30 °C. Gezeiten sind hier mit bis zu einem halben Meter Tidenhub nur sehr schwach. Das Rote Meer ist ein Nebenmeer des Indischen Ozeans und steht mit diesem über

Ideal für Schnorchler ist der direkte Zugang von der Hotelanlage zum Riff. So ist man von Bootsausfahrten unabhängig und kann seinen Tag frei planen.

die Meerenge von Bab el Mandeb in Verbindung. Diese ist relativ schmal, wodurch das Rote Meer weitgehend abgeschlossen ist. Daher beherbergt es viele endemische, d. h. nur hier vorkommende Tierarten. Fast durchgehend erstrecken sich entlang der Rotmeerküsten sehr gut entwickelte Riffe. Absolut vorherrschend ist hier das Saumriff. Meist unmittelbar an der Küstenlinie anschließend, verlaufen die Saumriffe fast über die gesamte Küstenlänge des Roten Meeres. Meist schieben sich die Riffe einige Dutzend Meter bis mehrere hundert Meter in Richtung Meer vor. Unterbrochen wird dieser Korallensaum nur sporadisch von großen, flachen Buchten oder von Wadimündungen. Etwas weiter seewärts erheben sich zudem zahlreiche kleine Fleckriffe. Die Riffe sind generell recht üppig und gehören zu den attraktiv-

sten der Welt. Die Sichtweiten unter Wasser sind meist sehr gut. Für das Schnorcheln, ebenso wie fürs Tauchen, herrschen also ideale Voraussetzungen.

Ortschaften

Hauptreiseland für den Wassersport am Roten Meer ist Ägypten. Daneben kann noch Israel mit seinem allerdings sehr kurzen Küstenstreifen bei Eilat im Norden des Golfes von Aqaba größere Besucherzahlen aufweisen. In Ägypten konzentriert sich das Wassersportgeschehen auf zwei Orte: Sharm el Sheikh im Südosten der Sinaihalbinsel und Hurghada an der Festlandküste. Vergleichsweise klein sind dagegen Nuweiba und Dahab auf dem Sinai sowie Safaga südlich von Hurghada. Die an Safaga südlich an-

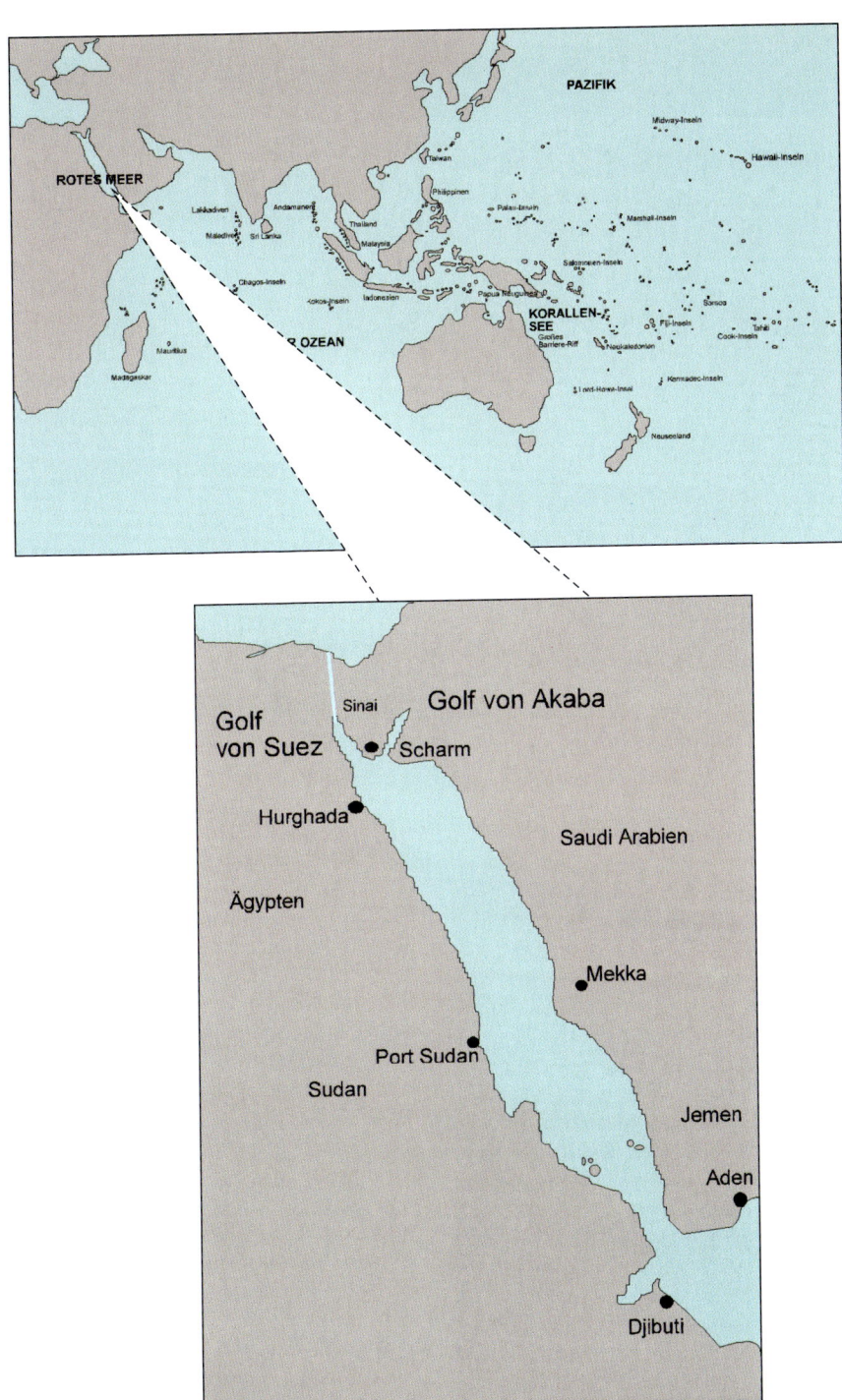

Küste vor Hurghada (Ägypten)

Schnorchlerin an der Südspitze des Elphinstone-Riffs

schließenden Küstenorte sind touristisch noch kaum erschlossen. Sowohl Sharm el Sheikh als auch Hurghada haben im Rahmen eines boomenden Tourismus innerhalb weniger Jahre eine atemberaubende Entwicklung erlebt.

Hurghada liegt etwa 600 km südlich von Kairo direkt an der Küste. Seit den siebziger Jahren entwickelte sich der Ort zu dem Tauchsportzentrum der Festlandküste. Tauchgäste kommen nach wie vor wegen der generell sehr guten, teils traumhaften Riffe hierher, stellen heute jedoch nicht mehr die Mehrheit der Urlauber dar. Längst überwiegt der „Bade-, Sonnen- und Surftourismus". Das letzte Jahrzehnt bescherte dem Ort einen enormen Zuwachs an Unterkünften, Tauchbasen und sonstigen touristischen Angeboten. Lange dominierten in Hurghada eher einfache Unterkünfte. Vor allem in

Naama Bay – das Wassersportzentrum auf dem Sinai

den letzten Jahren kamen jedoch Hotels hinzu, die auch gehobenen Ansprüchen genügen. Die meisten sind als weitläufige Resortanlagen mit direktem Zugang zum Meer angelegt. Das eigentliche Stadtzentrum ist eine äußerst lebhafte, teils auch nervig-quirlige Mischung aus Touristenshops, Restaurants und alteingesessenen Läden für Einheimische.

Das Touristenzentrum Ägyptens auf dem Sinai ist Sharm el Sheikh, genauer gesagt der Ortsteil Naama Bay, einige Kilometer nördlich des eigentlichen Ortes gelegen. Die Bucht ist mit zahlreichen Hotels, Tauchbasen, Lokalen, Ladengeschäften und einer attraktiven Strandpromenade ein sehr ansprechender, sauberer Urlaubsort mit internationalem Flair. Ein kleiner zentraler Geschäfts- und Ladenbereich vermittelt mit seinen verwinkelten Gassen etwas arabische Atmosphäre.

Verschiedene Bars und Diskos sorgen für Unterhaltungsmöglichkeiten bis spät in die Nacht. In mancher Hinsicht kann die Naama Bay als das exklusive Pendant zu Hurghada bezeichnet werden, was sich auch im Preisniveau niederschlägt. Besonders groß wird hier der „Badetourismus" geschrieben. Fanden früher nur Taucher in die Naama Bay, kommen die meisten Urlauber heute ausschließlich zum Sonnen, Baden oder Schnorcheln hierher.

Schnorcheln

Die Voraussetzungen zum Schnorcheln sind sehr günstig bis ideal. Auf dem Sinai kann man außer vom Schiff aus häufig direkt vom Ufer aus an Korallenriffen tauchen. Bei Hurghada geht es meist mit

91

Nur wenige Meter abseits von den großen Touristikstränden kann man die ursprüngliche Schönheit und Vielfalt der Riffe erleben.

Booten zu den vorgelagerten Riffen. Generell lassen sich praktisch immer sehr ruhige, wellengeschützte Bereiche finden. Das Angebot an Tauchbasen, bei denen man als Schnorchler mit auf die Boote kann, sowie Veranstaltern, die speziell für Schnorcheltrips hinausfahren, ist sehr groß.

Klima und Reisetips

In Ägypten sind die Sommer heiß und trocken, die Winter mild und trocken. Regen ist eine Seltenheit, im Jahresdurchschnitt fallen nur etwa 25 mm. Diese verteilen sich zudem nicht gleichmäßig, sondern auf wenige Tage im Jahr. Die sehr geringe Luftfeuchtigkeit macht die hohen Sommertemperaturen erträglich. Durch die trockene Luft verliert man jedoch viel Wasser. Deshalb sollte

bewußt viel getrunken werden, um den Wasserverlust auszugleichen.

Im Winter sind die Abende recht frisch, warme Kleidung gehört dann ins Reisegepäck. Die Sonne scheint fast immer, Wolken sind sehr selten. Meist weht ein leichter bis mittlerer Wind aus nördlicher Richtung. Es ist ganzjährig Reisezeit, von November bis März ist es am kühlsten. Insbesondere am Wasser wird die Intensität der Sonne durch den fast beständigen Wind leicht unterschätzt. Daher auch im Sommer luftige, aber vor Sonne schützende Kleidung mitbringen. Besonders wichtig sind Kopfbedeckung, Sonnenbrille und vor allem auch Sonnenschutzmittel.

Der Einstieg in die Unterwasserwelt ist auf den Malediven besonders leicht.

Inselparadies Malediven

Im östlichen Indischen Ozean, südwestlich von Indien gelegen, erstrecken sich in Nord-Süd-Richtung zahlreiche kleine bis kleinste Inseln – die Malediven. Nach offiziellen Angaben sind es 1190 Inseln, davon etwa 200 bewohnte. Von diesen sind gegenwärtig über 70 Inseln als Hotelinseln für den Tourismus erschlossen, es kommen jedoch jedes Jahr neue hinzu. Das Staatsgebiet der Malediven umfaßt eine Fläche von etwa 90 000 km², wovon die Inseln jedoch weniger als 1% ausmachen, der größte Teil besteht aus Meer. Die Inseln der Malediven gehören zu insgesamt 26 Atollen. Die für den Tourismus bedeutendsten sind das Nord-Male-, das Süd-Male- sowie das Ari-Atoll. Im Süden des Nord-Male-Atolls liegt die Hauptinsel Male. Hier leben gut 56 000 der insgesamt über 220 000 Einwohner der Malediven. Der Weg auf eine der Inseln führt immer über den internationalem Flughafen von Male. Von dort geht es dann per Hubschrauber oder Boot zur jeweiligen Hotelinsel.

Wassersport

Die Inseln sind ohne nennenswerte Erhebungen, teils ragen sie nur etwa 2 m über den Meeresspiegel empor. Dafür sind es echte Trauminseln, mit strahlend weißen Sandstränden, sattgrünen Palmen, teils mit türkisblauen Lagunen und umgeben vom tiefblauen Meer. Fischerei und Tourismus sind die Einnahmequellen der Malediven. Besonders Taucher stellen aufgrund der riesigen Auswahl hervorragender Tauchplätze einen großen Teil der Urlauber dar. Die Riffe der Maledi-

*Die Malediven gelten als das Inselpara-
dies Nummer eins.*

Lagunenbereich einer Malediveninsel

*Verträumte Eilande – Inbegriff der
Malediven*

*Typ „Halbmond-Insel" –
ideal für Schnorchler*

ven gehören zu den attraktivsten der
Welt. Aber auch für andere Wassersport-
ler wie Schnorchler, Surfer oder Badegä-
ste sind die Malediven ein Top-Reise-
ziel. Zwar sind eine Reihe von Riffen
aufgrund ihrer exponierten Lage und
Tiefe Tauchern vorbehalten, aber es gibt
mehr als ausreichend Plätze mit idealen
Schnorchelbedingungen – flache, sanft
abfallende Korallengärten und geschützte Lagunen. Einen Reiz der Malediven
macht dabei aus, daß trotz der enormen
Zahl der Riffe jeder Platz erkennbare in-
dividuelle Unterschiede aufweist, einen
eigenen Charakter besitzt. Besonders
hervorzuheben ist, neben der üppigen
Korallenpracht, daß die Malediven generell sehr fischreich sind.

Inseltypen

Als Schnorchler sollte man eine Insel
wählen, die ein Hausriff sowie leichten
Zugang zu diesem besitzt. Die zahlreichen Inseln lassen sich drei Grundtypen
zuordnen, für die es anschauliche, um-
gangssprachliche Bezeichnungen gibt:
„Spiegelei", „Halbmond" und „Hand-
tuch". Die „Spiegeleier" sind kleine,
rundliche Inseln, allseits umgeben von
einem Hausriff. Die „Halbmonde" besitzen auf einer Seite eine Lagune, auf der
anderen ein Hausriff. Diese beiden Insel-
formen sind für Schnorchler, ebenso wie
für Taucher, die geeignetsten. Sie haben
relativ kurze Wege zum Wasser, die
Hausriffe sind gut erreichbar und interessant, es gibt immer geschützte Stellen.
Die langgestreckten „Handtücher" haben eine sehr große, sandige Lagune. Die
Bademöglichkeiten sind sehr gut, aber
für Schnorchler und Taucher ist dieser
Bereich nicht übermäßig spannend. Der
Weg zur Riffkante ist weit und mühselig,
so daß das Hausriff teils nur mit dem

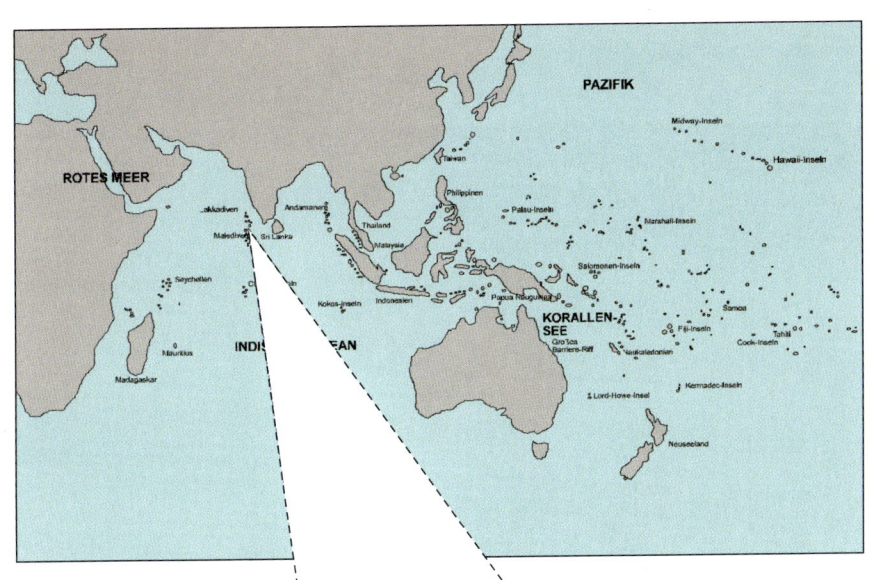

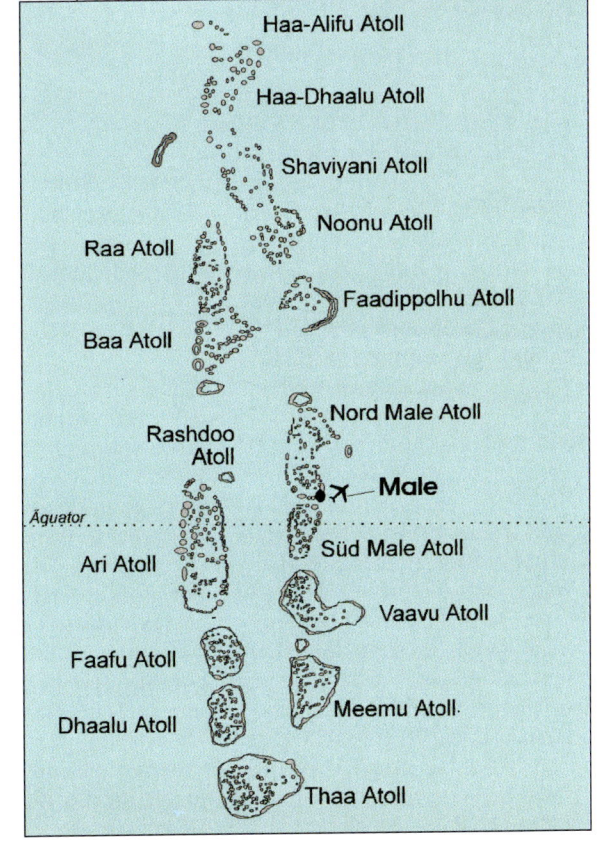

Malediven – eine von 2000 glücklichen Inseln

Boot erreichbar ist. Jede der Hotelresort-Inseln bietet Tauch- und Schnorchelmöglichkeiten. Die Kategorien der Hotels reichen von einfachem Standard bis perfektem Luxus, mit entsprechenden Preisen. Aufgrund der geringen Inselgröße sind auch die Hotelresorts relativ klein.

Schnorcheln

Die Schnorchelbedingungen auf den Malediven sind insbesondere auf den spiegelei- und halbmondförmigen Inseln ideal. Das Wasser ist warm, die Sichtweiten sehr gut, der Korallen- und Fischreichtum überwältigend. An den Hausriffen, ebenso wie in Lagunen, ist Schnorcheln praktisch immer möglich. Auf Bootsfahrten ist man in der Regel nicht angewiesen. Bootstrips zu geschützten Riffen, die von den Tauchbasen durchgeführt werden, können jedoch auch für Schnorchler interessant sein und eine lohnenswerte Abwechslung zum Hausriffschnorcheln darstellen.

Klima und Reisetips

Auf den Malediven ist ganzjährig Reisezeit. Das Klima ist durchgehend tropisch-warm mit relativ wenig Temperaturschwankungen. Von Dezember bis April herrscht Nordost-Monsun, mit eher trockenem Wetter, reichlich Sonnenschein und wenig Wolken. Von Mai bis November, der Nebensaison, bringt der Südwestmonsun öfter Regen, teils Stürme und rauhere See. Die durchschnittliche Tagestemperatur liegt zwischen 25 und 32 °C, nachts sinkt das Thermometer nur um wenige Grad. Die Wassertemperatur beträgt ganzjährig 27–30 °C. Leichte, atmungsaktive Kleidung ist ganzjährig angebracht.

Kungkuugaw-Bay auf Sulawesi

Vielfältiges Indonesien

Indonesiens Inselwelt erstreckt sich über eine Länge von mehr als 5000 Kilometer zwischen Südostasien im Westen bis Papua Neuguinea und Australien im Osten. Abhängig davon, wie klein eine Insel sein darf, um noch als solche gelten zu dürfen, schwanken die Angaben über Indonesiens Inselzahl. Mehr als 13 000 Inseln sind es auf jeden Fall, wovon über 1000 bewohnt sind. Indonesien ist das fünftgrößte Land und mit mehr als 80 000 Kilometern Küstenlänge das mit Abstand größte Inselreich der Welt. Das Gebiet ist so groß und die Riffe derart unterschiedlich und vielfältig, daß sie unmöglich in einer Übersicht besprochen werden können. Bekanntestes Ziel

ist Bali, welches vor allem mit seiner einzigartigen Kultur, beeindruckenden Tempelanlagen, aber auch mit seiner wunderbaren Landschaft die meisten Touristen anzieht. Neben diesem und anderen schon seit längerem bekannten Reisezielen gibt es zahlreiche erst in jüngster Zeit vom Tourismus entdeckte sowie noch kaum erschlossene Gebiete. Hier soll mit Nordsulawesi nur auf eine von sehr zahlreichen Möglichkeiten aufmerksam gemacht werden. Mit 190 000 km^2 ist Sulawesi die viertgrößte Insel Indonesiens. Es gibt hier viele hervorragende Schnorchel- und Tauchgebiete. Am bekanntesten und sehr gut erschlossen sind die Riffe des Bunaken Nationalparkes, im äußersten Nordosten der Insel vor der Stadt Manado gelegen. Die besten Riffe liegen rund um Bunaken, der Hauptinsel des Nationalparks. Über ein Dutzend Tauchbasen, Tendenz steigend,

Grandiose Riffwelten vor Sulawesi

bieten täglich Ausfahrten zu den Riffen an, die sicher zu den besten der Welt gerechnet werden können. Schnorcheln ist aufgrund der überwiegend geschützten Lage und meist ruhigen See sehr gut möglich. In der Regel können Schnorchler bei den täglichen Bootstrips der Tauchbasen mitfahren und voll auf ihre Kosten kommen.

Schnorcheln

Auch als Tauch- und Schnorchelgebiet ist Indonesien in weiten Teilen noch wenig bekannt. Dabei gehören die Riffe vieler Gebiete Indonesiens zu den attraktivsten der Welt. Wer im Urlaub einen Schwerpunkt auf das Schnorcheln legt, sollte sein Reiseziel entsprechend auswählen. Die Riffe und Bedingungen sind von Insel zu Insel und selbst zwischen

einzelnen Küstenabschnitten auf einer Insel sehr unterschiedlich. Hervorzuheben ist die an zahlreichen Riffen überwältigende Artenvielfalt. Es empfiehlt sich in der Regel, eine eigene Schnorchelausrüstung mitzubringen, da diese oft nicht in wirklich passender Größe und optimalem Zustand geliehen werden kann.

Klima und Reisetips

In Indonesien herrscht durchgehend tropisches Klima mit Temperaturen zwischen 22 °C und 34 °C im Flachland. Die Sonne scheint etwa 12 Stunden täglich. Es wird eine Regen- und eine Trockenzeit unterschieden, die je nach Gebiet etwas unterschiedlich liegen. Durch die Monsunwinde ist es fast im gesamten Gebiet von Juni bis September trocken,

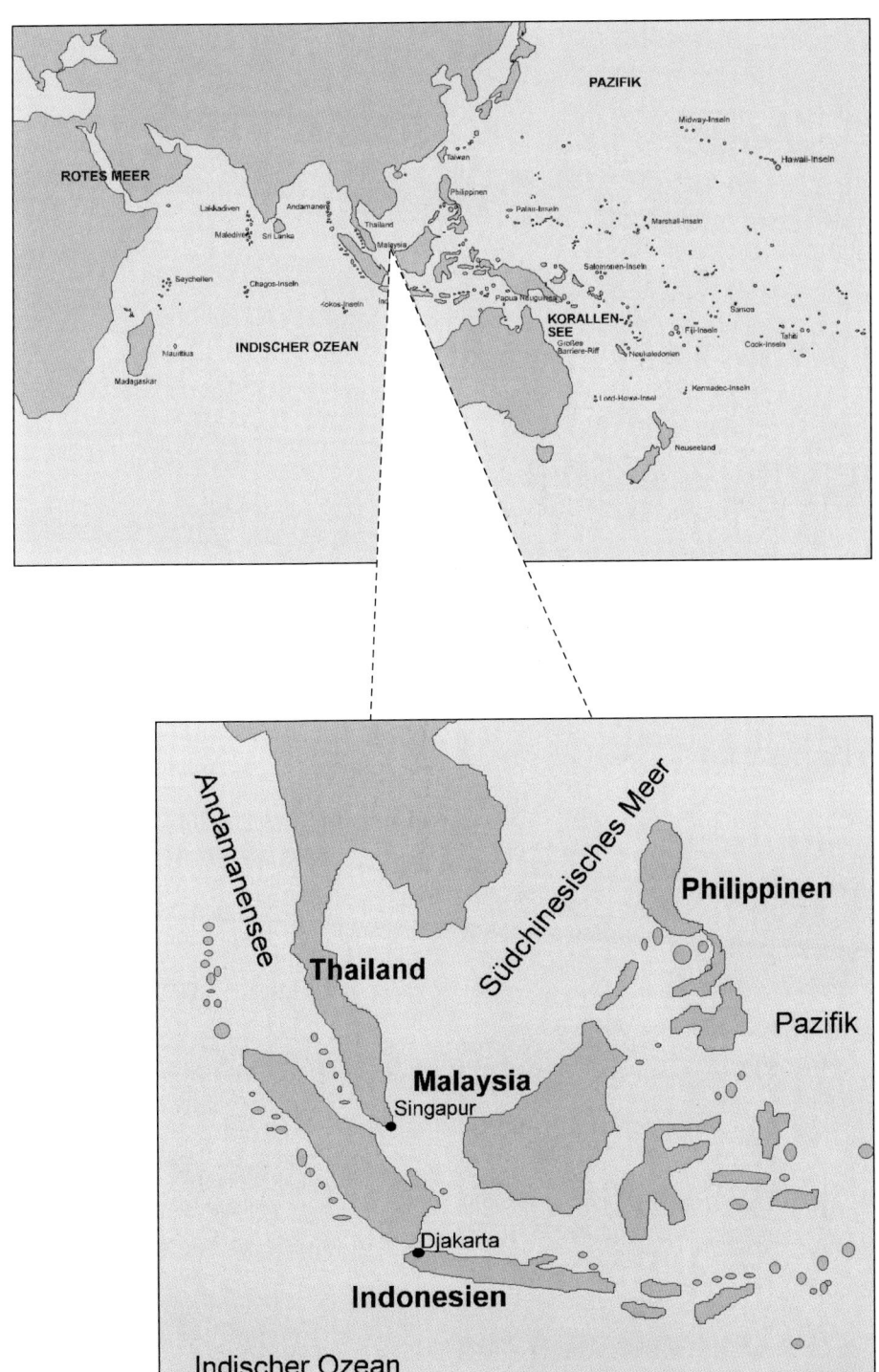

von gelegentlichen Regenfällen abgesehen, und von November bis März feucht. Doch auch in der Regenzeit scheint oftmals die Sonne, da es meist starke, aber kurze Regenfälle sind, die den Großteil der Niederschläge ausmachen. In Sulawesi erstreckt sich die Trockenzeit von April bis Oktober. Dezember und Januar sind die regenreichsten Monate, besonders in dieser Zeit können stärkere Winde das Schnorcheln ebenso wie das Tauchen stark einschränken. In Indonesien ist durchweg leichte Sommerkleidung angebracht. Das warme Wasser, z. B. in Nordsulawesi durchschnittlich 27 °C, erlaubt Schnorcheln nur in Badekleidung. Für längere Aufenthalte im Wasser empfiehlt sich jedoch auch hier ein geeigneter Kälteschutz.

B.o.: Immer gibt es Neues zu entdecken: Hier ein zusammengerollter Kissenseestern. B.m.: Goldseescheide (Polycarpa aurata). B.u.: Die Nacktschnecke Hexabranchus sanguineus

B.o.: Eine große Artenvielfalt bieten die sanft nach unten fallenden Außenriffe.

B.r.: Nacktschnecke (Chromodoris spec)

B.u.l.: Eine der größeren Kissenseestern-Arten (Culcita coriacea)

B.u.r.: Ein Prachthaarstern als Aufsitzer auf Planktonfang

101

Die Inseln des Great Barrier Reefs locken mit wunderbaren Stränden.

Großes Barriereriff: Australien

Das interessanteste Schnorchel- und Tauchgebiet Australiens ist zweifelsohne das Große Barriereriff entlang des Bundesstaates Queensland. Es erstreckt sich über eine Fläche von 230 000 km^2 und eine Länge von 2300 Kilometer vor der Ostküste Australiens, vom Golf von Papua im Norden bis zum Lady Elliot Island unterhalb des Wendekreises des Steinbocks im Süden. Damit ist es das längste Riffgebiet der Erde und das einzige Naturbauwerk, welches vom Weltall aus mit bloßem Auge zu erkennen ist. Die Entfernung der Außenseite des Riffs

vom Land beträgt zwischen 32 und 260 km. Das Große Barriereriff besteht aus über 2100 Einzelriffen, welche die eigentliche Barriere bilden, sowie über 500 mehr landwärts gelegenen Inseln mit Saumriffen. Jedes dieser zahlreichen Riffe hat einen eigenständigen Charakter. Morphologisch betrachtet, kommen neben Barriereriffen auch Saum- und Plattformriffe vor. Das längste Einzelriff ist 35 Kilometer lang, einige Riffe sind sehr klein, aber die mittlere Größe liegt immerhin bei ca. 7 km^2. Wichtigster Ausgangspunkt für Schnorchel- und Tauchtrips ist Cairns im nördlichen Bereich des Großen Barriereriffs. Wie vielerorts sind auch hier die Küstengewässer recht flach und trüb und für das Schnorcheln ungeeignet. Zum Schnorcheln ebenso wie zum Tauchen fährt man mit dem Boot zu

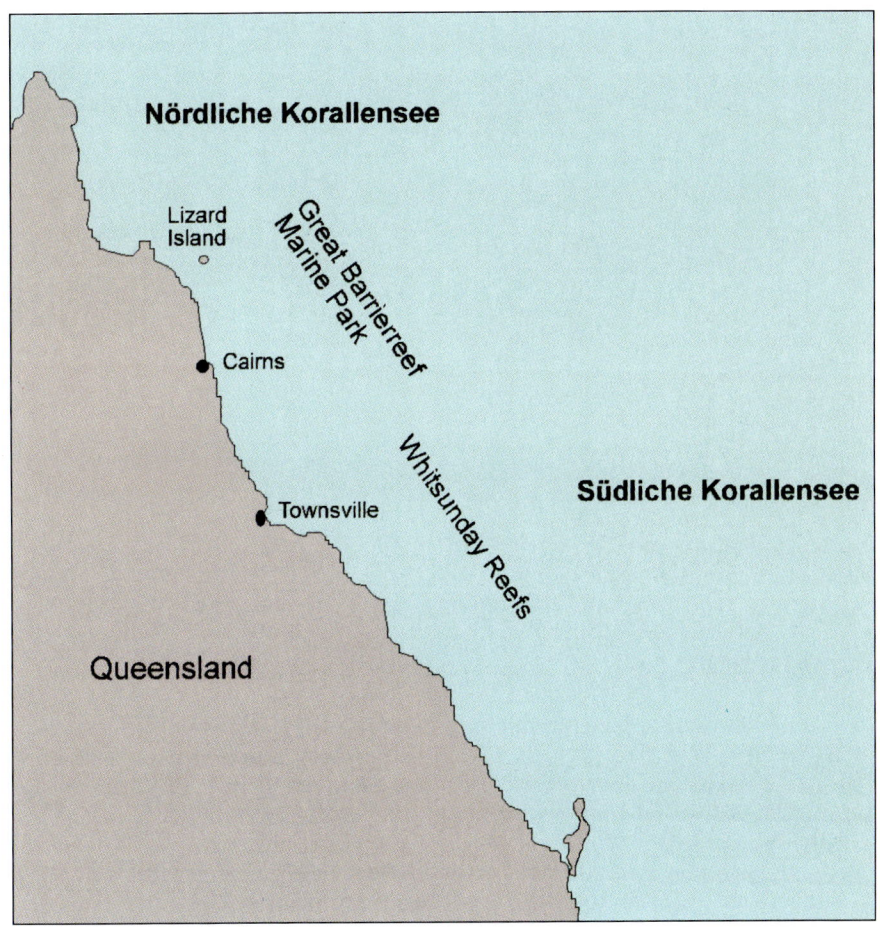

den vorgelagerten Inseln und Riffen. Typischerweise kommen hier sehr große und schnelle Katamarane zum Einsatz, auf denen bis zu 300 Personen Platz finden. Doch auch von anderen Orten entlang der Küste fahren größere und kleinere Boote zu Tagesausflügen hinaus zu den mehr oder weniger küstennahen Inseln und den weiter vorgelagerten Riffen. An verschiedenen Stellen sind große, überdachte Pontons hinter den geschützten Innenseiten der Außenriffe fest verankert. Sie bieten einen ausgesprochen bequemen Zugang zu den Riffen, gleichermaßen für Taucher und Schnorchler. Außerdem haben viele der Inseln des Großen Barriereriffs Touristenresorts, wie beispielsweise Fitzroy, Heron oder Lady Elliot Island. Solche Ferieninseln mit unmittelbarem Zugang zu Korallenriffen bieten in der Regel unter anderem folgende Aktivitäten: Schnorcheln, Riffwanderungen, oftmals Glasbodenboote sowie Tauchen.

Langgezogene Sandstrände säumen Lizard-Island.

Schnorcheln

Das Große Barriereriff bietet unzählige Möglichkeiten zum Schnorcheln und Tauchen. Der Zugang zu den Riffen ist meist leicht, selbst wenn wenn es dazu mit Booten rausgeht. Schiffe, Ausrüstung, Organisation und Qualität der Ausbildung sind in aller Regel von hohem Standard. Die meisten Inselresorts bieten Schnorcheln am eigenen Saumriff. Am Großen Barriereriff kann das ganze Spektrum des Schnorchelns an Korallenriffen erlebt werden – von flachen, überwiegend sandigen und sonnendurchfluteten Lagunen mit vereinzelten Korallenblöcken bis hin zu atemberaubenden Steilwänden an Außenriffen.

Klima und Reisetips

Das Klima ist im dortigen Sommer ausgesprochen tropisch-feucht. Die Lufttemperaturen liegen zwischen 26 bis über 30°C. Die Wassertemperaturen vor Queensland betragen etwa 24°C in den „kalten" Monaten von Juli bis September. Im dortigen Hochsommer, von Januar bis März, klettern sie auf 29°C. In Queensland genügt das ganze Jahr über leichte Sommerkleidung. Besonderer Wert sollte auf ausreichenden Sonnenschutz gelegt werden. Empfehlenswert beim Schnorcheln sind die dort sehr verbreiteten „stinger suits". Das sind dünne, hauteng anliegende Kunstfaseroveralls. Sie schützen wirkungsvoll vor Vernesselungen und sind gleichzeitig ein sehr guter Sonnenschutz.

Noch bieten die Fidschi-Inseln uneingeschränkte Südseeromantik.

Südseetraum: Fidschi

Östlich von Australien, etwa 2800 km nordöstlich von Sydney, und gut 1800 km nördlich von Neuseeland liegt Fidschi, ein Archipel bestehend aus über 300 Inseln, von denen über 100 bewohnt sind. Fidschi ist sowohl von seiner Fläche als auch von seiner Einwohnerzahl (etwa 780000) das größte Land Polynesiens. Zugleich stellt es die wichtigste Drehscheibe für den internationalen Handel und Verkehr in der Südsee dar. Viti Levu ist mit über 10000 km² die größte Insel Fidschis. Hier wohnen über 70% der Einwohner. Im Südosten liegt die Hauptstadt Suva, an der Westküste Nadi mit dem internationalen Flughafen. Über 300000 Besucher landen hier jedes Jahr. Die Weiterreise zu den übrigen In-

seln geschieht vor allem mittels kleiner Flugzeuge oder per Schiff. Im Nordosten der Hauptinsel liegen Vanua Levu, mit gut 5500 km² die zweitgrößte, sowie Taveuni, mit 470 km² die drittgrößte Insel des Archipels. Im Süden ist Kandavu als viertgrößte Insel zu nennen. Die zahlreichen weiteren Inseln sind sehr klein, teils nur winzige Eilande. Die meisten Inseln sind vulkanischen Ursprungs, oft mit relativ hohen Erhebungen. Die höchsten Berge der drei größten Inseln ragen immerhin über 1000 Meter empor. Es gibt jedoch auch sehr flache Inseln, die nur wenige Meter über den Meeresspiegel ragen und den typischen Südseeflair besitzen, mit strahlend weißem Sandstrand, Kokospalmen und inmitten türkisfarbener Lagunen gelegen. Andere, wie Taveuni, haben vor allem schwarze vulkanische Fels- oder Sandstrände. Dessen ungeachtet sind den meisten Inseln Korallenriffe vorgelagert. Auch gibt es weiter

Palmengesäumter Südseestrand

von der Küste entfernte Riffe, wie beispielsweise Beqa Lagoon im Süden der Hauptinsel.

Fidschi hat ein vielfältiges touristisches Angebot und eine sehr große Auswahl an Hotels und Resorts. Hier sind alle Preisklassen vertreten, von der schlichtesten Hütte bis zu Luxusunterkünften.

Schnorcheln

Wer auf leicht erreichbare, gute Schnorchelgebiete Wert legt, muß die Insel bzw. den Küstenabschnitt entsprechend auswählen. Nicht überall auf Fidschi ist Schnorcheln problemlos möglich. So haben beispielsweise manche Hotels auf der Hauptinsel, etwa unmittelbar bei Nadi, keine Strände mit Korallenriffen, während die Nadi westlich vorgelagerten kleinen Inseln vielfach von attraktiven

Riffen gesäumt sind. Auf jeden Fall ist es ein leichtes, Hotels oder Resorts mit direktem Zugang zu interessanten Riffgebieten zu finden. Auf Fidschi gibt es inzwischen eine größere Zahl von Tauchbasen, in deren Nähe man in der Regel auch als Schnorchler gut aufgehoben ist. Es ist vielfach möglich, sich von den Tauchschiffen bei den Ausfahrten zu geschützten, schnorchelgeeigneten Riffen mitnehmen zu lassen.

Klima und Reisetips

Die kühleren, trockenen Monate sind die von Mai bis Oktober, wobei Juli und August die kältesten sind. Allerdings beträgt beispielsweise in Viti Levu die monatliche Durchschnittstemperatur selbst dann noch 23–24 °C. Die warme, feuchte Sommerzeit beginnt im Dezember, gelegentlich schon im November, und geht bis April; Januar und Februar sind die wärmsten Monate mit durchschnittlich 27 °C auf Viti Levu. Bei den Niederschlagsmengen gibt es auch zwischen den verschiedenen Gebieten deutliche Unterschiede. So erhält die Ostseite Viti Levus, die Windseite, jährlich 300 cm Niederschlag, die Nordwestseite dagegen nur 160 bis 200 cm. Der Winter (Mai bis November) ist die „Trockenzeit" und allgemein die beste Reisezeit. Auch in dieser Zeit kann es zwar regnen, jedoch deutlich weniger als im Sommer. Das Wasser ist dann im allgemeinen klarer als in den Sommermonaten. Aber auch im Sommer sind die Sichtweiten durchweg gut, teils sogar sehr gut. Die Wassertemperaturen liegen im Jahresmittel bei angenehmen 28 °C. Zu jeder Jahreszeit scheint die Sonne so intensiv, daß Sonnenschutzmittel unbedingt zu empfehlen sind.

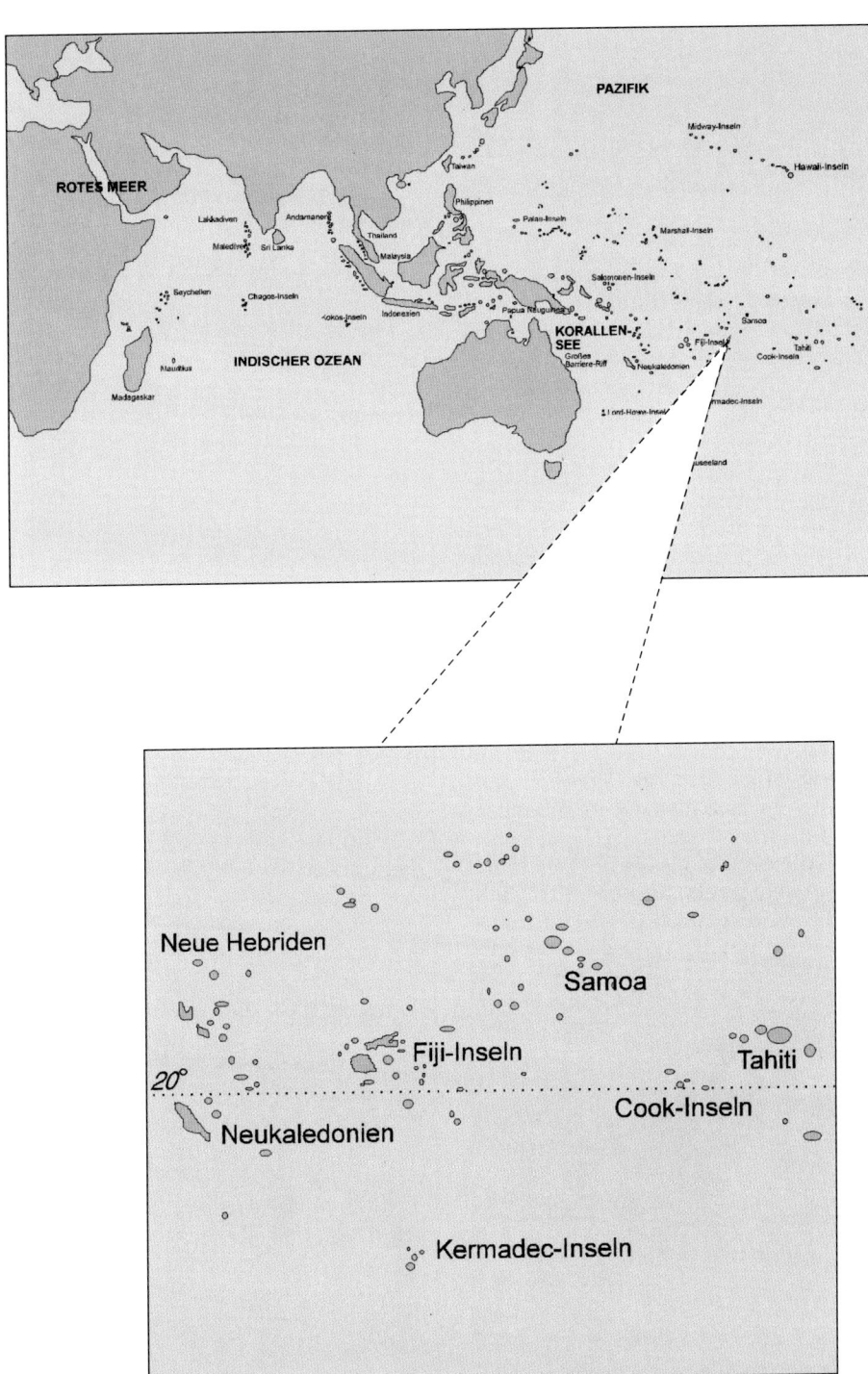

PAZIFIK

Midway-Inseln

Hawaii-Inseln

ROTES MEER

Taiwan

Lakkadiven

Andamanen

Thailand

Philippinen

Palau-Inseln

Marshall-Inseln

Malediven

Sri Lanka

Malaysia

Seychellen

Chagos-Inseln

Kokos-Inseln

Indonesien

Salomonen-Inseln

Papua-Neuguinea

KORALLEN-SEE

Samoa

Fiji-Inseln

Tahiti

Cook-Inseln

Mauritius

INDISCHER OZEAN

Großes Barriere-Riff

Neukaledonien

Madagaskar

Lord-Howe-Insel

Kermadec-Inseln

Neuseeland

Neue Hebriden

Samoa

Fiji-Inseln

Tahiti

20°

Cook-Inseln

Neukaledonien

Kermadec-Inseln

Korallenriffe werden wegen ihres Artenreichtums und ihrer komplexen Struktur gerne mit tropischen Regenwäldern verglichen. Leider haben sie mit diesen einen weiteren Aspekt gemeinsam. Wie die Regenwälder sind auch die Korallenriffe heute in vielen Gebieten der Erde gefährdet. Die ersten negativen Veränderungen können meist nur von Fachleuten erkannt werden, doch stellenweise sind die Schäden so deutlich, daß sie von jedem bemerkt werden können. Noch gibt es zahlreiche intakte Riffe, doch die Bedrohungen sind vielfältig. Hierzu gehören ungeklärte Abwassereinleitungen, eingeschwemmte Düngemittel aus der Landwirtschaft oder Sedimentfrachten durch intensive Bautätigkeit an Küsten – um nur einige der wichtigsten Gefahren für die Riffe zu nennen. Verschiedene Organisationen bemühen sich daher seit Jahren um den Schutz und die Erhaltung der Korallenriffe. Einen kleinen Beitrag dazu kann jeder einzelne durch ein naturschonendes Verhalten leisten. Die folgenden Hinweise mögen helfen, Korallenriffe in ihrer ganzen Faszination zu erleben, ohne sie dabei unnötig zu belasten.

- Steinkorallen sind trotz ihres leblosen Aussehens lebendige Tiere. Vermeiden Sie Schädigungen durch Trittbelastungen, Gegenstoßen oder Festhalten an Korallen. Dies gilt natürlich ebenso für andere festsitzende Riffbewohner.
- Achten Sie besonders darauf, nichts mit den Flossen beim Schnorcheln im Riff abzubrechen.
- Füttern Sie keine Fische. Dies ist nicht nur vollkommen unnötig, sondern es stört das ökologische Gefüge und führt zu Verhaltensänderungen der betreffenden Tiere.
- Nehmen Sie keine „Erinnerungsstücke" mit aus dem Riff. Wer Freude an Muschel- oder Schneckenschalen hat, kann am Strand nach leeren Gehäusen suchen. Achten Sie auch hier darauf, daß diese nicht etwa von Einsiedlerkrebsen bewohnt sind, was sehr häufig der Fall ist.
- Hinterlassen Sie weder im Wasser noch am Strand irgendwelchen „Zivilisationsmüll". Im Riff liegender Unrat, wie z. B. Plastiktüten, verschandeln nicht nur den Anblick, sondern schädigen die Tierwelt.
- Kaufen Sie keine Souvenirs, wie Korallen, Muscheln, Schneckengehäuse oder präparierte Fische, die dem Riff entnommen wurden. Durch das Herausmeißeln von Korallen aus dem Riff oder das Sammeln beziehungsweise Fangen anderer Tiere entstehen gebietsweise erhebliche Schäden.

Wer kauft, unterstützt den Raubbau.

EWA-MARINE-Gehäuse gibt es für nahezu alle gängigen Foto- und Videokameratypen.

Unterwasserfotografie Unterwasservideo

Irgendwann weckt die Pracht der Korallenriffe bei vielen den Wunsch, Fotos oder Videos als bleibende Erinnerungen vom Schnorchelerlebnis mitzunehmen. Heute gibt es ein großes Angebot an Unterwassergehäusen für Foto- und Videokameras beziehungsweise reinen Unterwasserkameras. Das Spektrum reicht von einfachsten Modellen deutlich unter hundert Mark bis hin zu Profiausrüstungen, für die fünfstellige Beträge hinzublättern sind. Ambitionierte oder erfahrene Fotografen, die gleich mit hohen Ansprüchen in die UW-Fotografie oder UW-Video einsteigen wollen, finden reichlich einschlägige Literatur. Erfahrungsgemäß geht es Schnorchlern, die UW-Aufnahmen machen möchten, jedoch eher um einen preiswerten Einstieg beziehungsweise um unkomplizierte Kameras für Gelegenheits- oder Schnappschußfotos. Hier bieten sich verschiedene Systeme an, mit denen teilweise sehr beachtliche Resultate erzielt werden können.

Zwei wesentliche Besonderheiten sollten aber auch dem Beginner bekannt sein.

Erstens: Das Sonnenlicht erscheint uns farblos, ist aber ein Gemisch aus zahlreichen Wellenlängen, also verschiedener Farben. Diese werden beim Eindringen ins Wasser unterschiedlich schnell absorbiert. Als erstes wird Rot, und zwar schon auf den ersten Metern, geschluckt, da-

EWA-MARINE U-AX

EWA-MARINE U-F

ist für viele Aufnahmen der Einsatz eines Blitzlichtes oder von UW-Scheinwerfern unabdingbar. Im Gegensatz zur Kunstlichtfotografie an Land ist die Stellung des Blitzes etwas weiter weg von der Kamera bei Unterwasseraufnahmen sehr wichtig. Dies ist notwendig, um nicht durch die immer mehr oder weniger stark vorhandenen Trübstoffe im Wasser unschöne, wie Schneegestöber erscheinende Reflexionsflecken im Bild zu haben. Nur bei Aufnahmen dicht unter der Wasseroberfläche sind ohne Blitz oder Scheinwerfer farblich ansprechende Aufnahmen möglich.

Einen besonders interessanten Einstieg stellen flexible Kunststoffhüllen dar, die es passend für fast alle Kompakt- und Spiegelreflexkameras sowie für Camcorder gibt. Bekanntester Anbieter ist EWA-MARINE. Die Gehäuse sind je nach Typ und Hersteller bis 10, 20 oder sogar 50 Meter Tiefe wasserdicht und kosten von unter 100 DM bis etwa 500 DM. Gefertigt sind die Gehäuse aus einer transparenten, dicken Folie und einer klaren Frontglasscheibe. Die Bedienung der Kamera erfolgt von außen, entweder direkt oder über einen eingearbeiteten Handschuh. Vorteile sind der günstige Anschaffungspreis, das geringe Gewicht und daß man seine vertraute Kamera, die meist ohnehin in den Urlaub mitgenommen wird, benutzen kann. Nachteile sind zum einen die mehr oder weniger begrenzte Einsatztiefe, was jedoch gerade beim Schnorcheln praktisch keine Rolle spielt. Wesentlicher ist zum anderen, daß der Blitz, ob integriert in einer Kompaktkamera oder aufgesetzt bei einer Spiegelreflexkamera, stets sehr nah der optischen Achse des Objektivs gelegen ist, was hinsichtlich der Reflexion des Blitzlichtes an Trübstoffen ungünstig ist.

Ein ganz anderes System repräsentieren

nach verschwindet Gelb, gefolgt von Grün, bis als einzige Farbe nur noch Blau übrigbleibt. Der rote Anteil des Sonnenlichts ist bereits in 5 Metern Tiefe weitgehend ausgelöscht. Ein feuerroter Seestern erscheint unterhalb dieser Tiefe unscheinbar dunkelbräunlich. Nur im ganz flachen Wasser sind die Farben alle noch fast gänzlich vorhanden. Schon in wenigen Metern Tiefe kommt es zu Farbverlusten, die sich natürlich auch auf Fotos und Videos bemerkbar machen, indem alles stark bläulich erscheint.

Zweitens: Aufgrund der Farbabsorption

die verschiedenen und immer zahlreicher auf dem Markt erhältlichen wasserdichten Amphibien-Sucherkameras. Dank relativ geringer Größe und Gewicht passen sie problemlos ins Reisegepäck. Die einfacheren Versionen dieses Typs sind erst seit kurzem auf dem Markt und bieten als unkomplizierte, unterwassertaugliche Schnorchelkameras mit integriertem Blitz mehr Möglichkeiten, als man ihnen ansieht. Zu solchen Kameras, mit denen unter Wasser bis etwa 5 m Tiefe ebenso wie an Land fotografiert werden kann, gehören beispielsweise die Minolta Weathermatic 35 DL, die Konica Mermaid und die Canon AS-1.

EWA-MARINE U-XA

Eine echte Unterwasserkamera ist die Motomarine MX-10 von Sea & Sea. Diese unkomplizierte und mit ca. 800 DM preiswerte Unterwasserkamera zeichnet sich durch einfachste Handhabung und eine geringe Größe aus, wobei sowohl im Makro- als auch im Weitwinkelbereich erstaunlich ordentliche Fotos möglich sind. Die Kamera hat zwar einen integrierten Blitz, kann aber durch einen leistungsstärkeren Amphibienblitz und weiteres Zubehör erweitert werden.

Deutlich vielseitiger und für ambitioniertere Amateurfotografen konzipiert ist die Motomarine II EX (Preis etwa 1300 DM) des gleichen Herstellers, eine der meistverkauften echten Unterwasserkameras weltweit. Auch hierfür gibt es eine Palette sinnvollen Zubehörs.

Echte UW-Kamera mit UW-Blitz

Gleichermaßen von Einsteigern und professionellen Fotografen und Tauchern benutzt wird die Nikonos V von Nikon (Preis etwa 1400 DM, ohne Objektiv). Das Nikonos-System ist, beständig weiterentwickelt, seit über 35 Jahren auf dem Markt und zeichnet sich durch ein reichhaltiges Zubehörprogramm einschließlich verschiedener, hochwertiger Wechselobjektive aus.

Eine weitere Möglichkeit der Unterwasserfotografie besteht darin, Spiegelreflexkameras in festen Kunststoff- oder Metallgehäusen unterzubringen. Je nach verwendeter Kamera erfüllt dieses System auch höchste Ansprüche, findet jedoch aufgrund des hohen Preises (das Gehäuse ist nicht selten teurer als die Kamera) und des beachtlichen Gewichts beim Schnorcheln praktisch kaum Anwendung. Wer sich dennoch hierfür interessiert, sei auf einschlägige Fachliteratur verwiesen.

Tauchreiseführer und Unter-
wasserführer zum Roten Meer

Das Rote Meer bedeutet geradezu eine Wunderwelt für Taucher: unglaublich klares Wasser, eine berauschende Vielfalt von Fischen und Korallengärten, die zu den schönsten der Welt gehören.

Die **Tauchreiseführer** zu den Revieren Sinai-Halbinsel und Ägyptische Festlandsküste geben einen Überblick über die jeweilige Region und touristische Attraktionen. Im Vordergrund stehen Flora und Fauna der Unterwasserwelt, eine Beschreibung guter und bester Tauchplätze und Informationen über Tauchbasen und ihre Ausrüstung.

Die entsprechenden **Unterwasserführer** zeigen in jeweils mehr als 100 Biotopaufnahmen das Leben im Roten Meer. Als einzigartiges Bestimmungsbuch für Laien, aber auch als Nachschlagewerk für Experten ermöglichen diese Bände eine eindeutige Artenzuordnung der Fische und Niederen Tiere in diesen Breiten.

160 Seiten mit 85 Farbfotos und 18 Karten, kartoniert, ISBN 3-89594-056-9

180 Seiten mit 88 Farbfotos und 27 Karten, kartoniert, ISBN 3-89594-009-7

176 Seiten mit 180 Farbfotos und 6 Abbildungen, kartoniert, ISBN 3-89594-021-6

172 Seiten mit 116 Farbfotos und 32 Abbildungen, kartoniert, ISBN 3-89594-022-4

Erhältlich im Buch- und Fachhandel